MOUNTAIN

登自己的山

All This Wild Hope

Letters from
Russia

Astolphe de Custine

III

俄 国 来 信

[法]阿斯托尔夫·德·屈斯蒂纳○著

李晓江○译

GUANGXI NORMAL UNIVERSITY PRESS

广西师范大学出版社

·桂林·

目 录

CONTENTS

第二十一封信

彼得堡，8月2日

告别的哲思·想象力·彼得堡的暮色·北方的神秘·表现在大自然中的天主·尘世的精神·文字上的率直·夜晚的涅瓦河上的桥·彼得堡与威尼斯的比较·危险的福音·俄国的宗教·杰纳斯·新波兰·未来·耽搁·特鲁别茨科伊公爵夫妇的故事·公爵夫人的献身精神·乌拉尔矿区的十四年·皇帝的怜悯·罪犯的子女·移民西伯利亚·一个母亲的痛苦·第二次向皇帝请愿以及皇帝的答复·对皇帝性格最终的看法·流放者的家族·作者计划的变化·为欺骗警方而采取的办法

　　我告别了彼得堡。——告别真是个神奇的字眼！它让一些人和地方有了先前所不知道的吸引力。为什么彼得堡在我看来从来没有像今天晚上这样美丽？那是因为这是我最后一次看它。富于幻想的心灵拥有让世界变形的力量。世界的形象对于我们来说，不过是内心生活的反映。那些说心外无物的人也许是对的，但是，如果不由自主地倾向于哲学、喜欢抽象的问题——这样做只是顺其自然，并没有其他意思——总是在思考一些解答不了的问题的我，想要弄明白这种无法理解的影响，那多半是不明智的。我的精神上的苦恼，我的习惯上的主要缺陷，原因就在于非得要去弄清楚无法弄清楚的事情。在追求不可能实现的目标时，我的力量迷失了自己；我的语言和我的柔情或激情一样无能为力。我们的梦想，我们的幻想，和清晰、精确的观念相比，就如同灿烂的云霞之于山脉——云霞有时就像天地间连绵的山脉。没有哪种表达方式能够清晰地定义和抓牢这些转瞬即逝的幻想，它们从作家的笔端溜走，就如在清澈的溪流中，璀璨的珍珠逃脱渔夫的罗网。

我们即将离去的想法，能给一个地方真正的美丽添加什么？一想到我是最后一次看它，我便觉得恍如初见。

与物相比，我们的命运飘摇不定，因此，凡是能够提示我们时日无多的东西都会激起我们新的羡慕之情。这种对于比我们存在得长久的事物的羡慕，引起我们对于自身的反思。我们顺流而下的速度太快，结果觉得留在岸上的东西好像不受时间影响。小瀑布肯定以为为其遮阴的树木是不朽的，而我们也认为世界是永恒的，我们不过是在快速地穿过它多变的风景。

旅行家的生活之所以充满复杂的情感，其原因或许就在于它是由一次次离别构成的，而一次次的离别不过是死亡的一次次彩排。我们从自己舍弃的东西中发现了美，原因无疑就在这里，但是，还有另外一个原因，此处我要不揣冒昧仔细地说一说。

在某些心灵中，独立的需要变成了一种激情。我们担心受到束缚，所以只把自己与所要逃离的东西联系起来，因为从这样的对象身上感受到的吸引力，不会把我们与任何东西捆绑在一起。我们可以体验销魂的时刻而无须承担其他后果。我们离开了，而离开是自由的行为。因为不在场，我们摆脱了情感的束缚；人安安心心、高高兴兴地赞美着他再也不会看到的东西；他沉湎于自己的偏好或感情，而不用有什么担心或拘束，因为他知道自己长着翅膀！可是，当他感到双翅因为不停地扇动而开始乏力，当他发现旅行带给他的疲惫超过了带给他的教益，那就到了该回去休息的时候，而我能感觉到，这个时候对我来说快到了。

天色已晚。晦暗就像不在场一样，容易使人产生幻觉；它就像不在场一样，迫使我们揣摩。白日将尽，头脑开始想入非非，心灵也变得敏感而惆怅。当我们看到的一切全都消失的时候，那就只剩下我们的感觉。现在死了，过去活了。死亡和尘世交还了它们的猎物，而到处都是阴影的夜晚则让各种各样的实物蒙上朦胧的面纱，渲染它们，使之越发温柔美丽。晦暗就像不在场一样，用无定来魅惑心灵；它用诗意的暧昧来增添自身的魅力。夜晚、不在场以及死亡是魔法师，它们的力量是谜，就像其他所有激发想象力的事物一样。关于想象力的本质、效果以及它的梦幻般的影响，哪怕是最敏锐、最出色的心灵也永远无法给出令人满意的解释。要把想象力解释清楚，那就要追溯到激情的源头。作为爱的源泉、同情的渠道和人天生的倾向中起推动作用的要素，作为人的所有天赋中最了不起的天赋——因为它把人变成了新的普罗米修斯——想象力是造物主暂时借给造物的力量。人得到它，但人看不到它。它在人身上，但不属于人。当嗓子不再能唱出美妙的歌声时，当彩虹消散时，声音和色彩跑到了哪里？有人能说出它们来自何方吗？想象力产生的幻想，本质上相似，只不过更加不可思议，更加变幻莫测，特别是，更加令人不安！我一辈子都以徒劳的敬畏之心感受这种官能的力量；我拥有的这种力量远远多过我对它的使用。我试图驾驭它，却依然是它的受害者和玩物。这欲望和矛盾的渊薮，正是它仍在驱使我周游世界，正是它一面让我对某些地方恋恋不舍，一面又在别处召唤我。啊，幻想！当你诱惑我们的时候你是多么忘恩负义，当你抛弃我们的时候你又是多么残忍！

十点过后，我从岛上散步回来。此时彼得堡城的外观有着难以言说的独特效果，因这画面的美不在于线条（这地方完全是平的），而在于北方雾气迷蒙的夜晚的魅力；

尽管雾气迷蒙，却是明亮的，充满了诗意的庄严——若非亲眼所见，这一点便无法理解。

今晚的城西，灯火阑珊，但上方的天空却很清澈，而在城东，地上的一切被照得通明，就如同黑色天幕下白色的浮雕。言语很难把这种对比所产生的视觉效果完美地呈现出来。慢慢消逝的暮色，仿佛在与越来越浓的昏暗抗争，以便让白昼成为永恒；它把一种神秘的运动传递给整个自然；城市低洼的地方，连同其将将高出涅瓦河岸的建筑，似乎在水天间摇荡，让人以为它们即将消失得无影无踪。

虽然拥有更好的气候和更丰富的植被，可荷兰也许表达了彼得堡一些街道的想法，但只是借助于日光才会如此，因为极地的夜晚本身就充满各种奇异的景象。城里的塔楼和尖塔，有几座就像我说过的，顶上有高高的角楼，就像船上的桅杆；俄国人公共建筑上的这些装饰，按照民族的习俗贴上金箔，在晚上就好像漂浮在浩瀚的天空，而且如果说没有隐没在黑暗中，还会像蜥蜴带有光泽的鳞片一样闪闪发亮。

现在是八月初，这些纬度还是夏末，不过，天空仍有小部分彻夜通明。地平线上这种珍珠母色的光晕，映照在平静的涅瓦河——或者更确切地说涅瓦湖上，河水熠熠生辉，如同一面用亮闪闪的金属做成的巨大的盘子，一片银色的平原，只是靠城市朦胧的剪影才与和它一样白的天空分开。那一小块似乎与河水分开并像洪水中的泡沫一样在水面摇晃的陆地，那些在白色的天空与白色的河面之间几乎看不出来的不规则的小黑点，难道就是一个庞大的帝国的首都？或者更确切地说，难道那不是光的幻觉，不是一连串的幻影？

存放俄国前几任君主遗骸的大教堂的塔尖，阴沉沉地耸立在白色的天幕下。这根锥形的塔尖比要塞和城市高出许多，其效果就如同画家一时兴起，下笔太重太粗。绘画中的败笔却可以让现实变得更美。天主不像我们那样作画。整个景色是美丽的；几乎没有任何运动，只有庄严的宁静和模糊的灵感。日常生活中所有的声音和喧嚣都中止了，人消失了，大地掌握在超自然的力量手中。在白昼这些残留的痕迹中，在北方夜晚这些斑驳微弱的光线中，有一些神秘的东西。这些神秘的东西是什么，我说不上来，但它们使我对北方的神话豁然开朗。我现在可以理解斯堪的纳维亚人的各种迷信了。天主隐藏在极地的光亮中，就像他在热带显身于酷热的正午一样。对于只想在造物中发现造物主的智者来说，所有的地方和所有的气候都是美丽的。不管我不安的内心把我的脚步带向世界的哪个角落，他始终是我赞美的同一个天主，是我问询的同一个声音。不管人在哪里垂下虔诚的目光，他都可以在自然中认出作为其灵魂的天主。熟睡中的城市引起的幻觉让我想到了柯勒律治的诗，诗里的英国水手看到船只在海上滑行的幻影。夜间的这些幻觉之于极地的居民，相当于光天化日之下的海市蜃楼之于南方人。颜色、线条和时间不同，但幻觉是一样的。

凝望着这样一个国家——那里的大自然是世上最为荒凉的，而且被认为是最不值得赞美的——我思绪万千，心里总有一个安慰性的想法，即天主把美分配给地球上的每一个地方，使得他的孩子到处可以从一些确定无疑的迹象中来承认他，同时也承认对他的感恩，他的恩典可以召唤他们，不管生活在什么地方。大地到处都印有造物主的容貌，大地因而也在人的眼中变得神圣了。按照乔斯林富有诗意的说法，每个地方都有自己的灵魂。我对于对我有吸引力的景色永远都不会厌倦。它可能是相同的主题不停地重复，但每次都能给人带来新的想法。我因此汲取的教益，对于我生活中有限的抱负来说足够了。对我来说，爱好旅行既不是装模作样和时尚，也不是慰藉。我生来就是旅行家，就像别人生来就是外交家一样。对我而言，我的国就是所有我赞美的地方，就是所有我能从天主的作品中认出他的地方。在天主所有的作品中，我最容易理解的就是大自然的面貌及其与艺术品的相似之处。在大自然中，天主通过在他永恒的道与人难以捉摸的思想之间建立的难以言说的联系，将自己启示给我的灵魂。这种常有常新的沉思是我的精神食粮，是我生命的奥秘和辩护。它消耗了我在道义和理智上的力量。它占去了我的时间，吸引了我的精神。是的，在我作为漫游者注定要陷入的忧郁但美妙的孤独中，好奇心取代了野心、权力、地位和事业。我知道，这些想法不属于我的时代。夏多布里昂先生作为诗人太伟大了，不能给我们描绘一个渐渐变老的勒内。年少时的消沉会让人同情，因为它有未来，可以代替活力与希望；但须发皆白的勒内的豁达不会增加说服力。在诗歌的田野中，作为卑微的拾穗者，我自己的命运就是去展示，一个生来就该在年少时死去的人是如何变老的。这是个与其说有趣，不如说伤心的主题，是项令人不快的任务。不过，我会不带羞怯、不带顾忌地说出一切，因为我根本用不着装作什么。性格决定命运，我的性格使我热衷于思考别人的生活而不是过我自己的生活。要是以为我享有这种属于儿童和诗人的喜悦的时间已经太久而夺走我遐想的权利，那就是提前剥夺天主给我的天赋。但是，有人会说，要是大家都像我这样，社会将是什么样子？紧跟时代步伐之人的担心莫名其妙！他们总是害怕他们崇拜的偶像会被抛弃。我不是要对他们说教，但我要提醒这些开明人，在形形色色的不宽容当中，最坏的就是哲学的不宽容。

我过不了世人的生活，因为它的利益，它的目标，或者至少是它用来维护和实现这些利益和目标的手段，无法激起我的进取心，而要是没有这种进取心，人在社会生活中，在野心以及美德的比拼中，从一开始就被打败了。在比拼中，成功与否取决于解决好两个相互冲突的难题：打败我们的竞争对手，并让那些对手赞美我们的胜利。征服的困难就在这里，而征服几乎不可能维持的原因也在这里。

我在还没到灰心失望的年龄之前就放弃了这个目标。既然停止争斗的那天肯定会很快到来，我最好还是不要让它开始。当我想起"所有的结局都是短暂的"这句美文，心中就是这么想的。抱着这样的想法，我穿过熙熙攘攘、无所畏惧而且充满热情的人流，没有鄙视，没有羡慕，那些人相信世界是他们的，因为他们是世界的。

那就让我逃脱吧——你们用不着担心在尘世的争斗中会缺少热心的斗士——让我好好地利用从闲暇和淡泊中得到的好处吧；再说，难道消极不可以只是表面上的吗？难道观察更为专心和反思更为专注不可以是消极的自由在智识上的好处吗？

保持一定的距离观察社会的人，他的判断要比一辈子都在经受政治机器狂暴影响的人更为清醒。活跃的人们退场之后仅凭记忆说话，而且只想着叙述，然后就因为失望而变得尖酸乖戾，或者因为感觉到终点临近而变得疲惫不堪，或者仍然受到阵阵希望的折磨——希望重燃徒劳无益，只会带来没完没了的欺骗——他们对于自己经历中最宝贵的东西几乎总是秘而不宣。

假如是因为公务来到彼得堡，我哪能像现在这样，在这么短的时间里就看到事情的反面？假如被关在外交家的圈子里，那我就会从他们的观点出发看待这个国家，我就会把心思全都集中在手头的事情上，我就会费尽心机博得他们的好感，而所有这种做法，如果说对于受其控制的人的判断没有反作用，那是一刻也不会起作用的。到头来我就会说服自己，在很多问题上采取和他们一样的想法，哪怕只是给自己的懦弱、给自己像他们那样说话找借口。有些观点，不管你一开始觉得它们是多么没有道理，如果你不敢反驳，最后就会改变你自己的观点。如果过分地保持礼貌，以至于把它变成盲目的容忍，那就是对自我的背叛，那就会颠倒观察家看到的东西，而观察家该做的事情不是按照他臆想的样子，而是按照他实际见到的样子去表现人和事。然而，虽然我标榜自己的独立性，可为了我的人身安全，我常常不得不迎合这个嫉妒的国家的强烈的自恋心理，因为半开化的民族都很多疑。不要以为从事外交工作并且有闲暇或兴趣研究这个帝国的外邦人会对我有关俄国和俄国人的意见感到意外，他们的意见和我一样，只是他们不会公开承认。观察家所处的位置让谁都没有权利指责他辜负了信任，这是多么幸运！同时，我也不必隐瞒自己的自由所带来的不便之处。为了追求真理，只是认识它还不够，还必须把它告诉其他人。隐者心灵的缺陷在于，每当改变自己观点的时候，它们都会过多地受到情绪的影响，因为心灵处于孤独的状态对于想象力有利，想象力可以让它轻易地就被触动。

但是，会有读者能够并且应该从我表面上矛盾的叙述中，透过多变、动态的画面，辨认出人和事物确切的形状。很少有作家拥有足够的勇气，让读者去完成本该由他们完成的一部分任务。很少有作家敢于面对认为他们的文章前后矛盾的指责，而不去用虚假的优点装扮他们的良知。如果白天的经历推翻了先天晚上得出的结论，我不害怕把它表现出来。我的游记是我的忏悔录，它就像我说的一样诚实。事先就形成了自己意见的人，表述非常有条理，所以在细节上不会受到批评，但那些像我一样的人，对于自己感受到的东西不假思索就把它们说了出来，必然会为自己的心直口快付出代价。这种对于真理的纯真、迷信般的尊重，毫无疑问可以得到读者的喜欢，但这样做目前还有点危险，所以我有时担心，我们生活于其中的世界配不上这样的尊重。

如果是这样，为了满足对于真理的爱，我就要冒失去一切的危险；没有人拥有这样的美德，而且在为一个不再有神庙的神灵做出牺牲的时候，在把寓言当作现实的时候，由于我的冒失，我也得不到殉道者的荣耀，只会被当作没头脑的傻瓜。在谎言总是得到奖赏的社会，真诚必然会受到惩罚。尘世有它的十字架，把真理全都钉在上面。

为了思考这些以及其他许多问题，我在涅瓦河上的一座大桥中间停留了很长时间。我希望把我不用挪动位置，只需要转过身去就可以享有的两幅不一样的画面镌刻在记忆中。

东边是黑暗的天空和明亮的大地，西边是明亮的天空和隐没在阴影中的大地。彼得堡这两张相反的面孔，有一种我自以为可以参透的象征性。西边我看到的是古代的彼得堡，东边则是现代的彼得堡；过去的、古老的城市隐藏在夜幕下，崭新的、未来的城市显现在光辉中。

在我看来，彼得堡没有威尼斯美丽，却更为特别。它们都是因为恐惧而建成的庞然大物。威尼斯的建造是因为纯粹的恐惧。最后的罗马人宁可奔向死亡，而他们恐惧的结果就成了世界的奇迹之一。彼得堡同样是恐惧的结果，但那是神圣的恐惧，因为俄国人的政体已经知道如何把顺从转变为教义。据说俄国人笃信宗教；可能吧，但那种禁止教导的宗教算是什么宗教？他们从来不在俄国的教堂里布道。福音会向斯拉夫人表明什么是自由。

害怕人们理解要求他们信仰的东西，这种心理在我看来是可疑的。理性和知识越是缩小信仰的范围，焦点因此而变得集中的神圣之光就越是明亮；人们信仰得越少，他们的信仰就越是强烈。十字架根本不是献身的证据。俄国人在祈祷的时候，虽然会做出下跪等等表面上虔诚的举动，但在我看来，他们想到的更多是他们的皇帝而不是他们的天主。"在你们进入天主的主题时再叫醒我。"有个在俄国教堂里被皇家礼拜仪式弄得昏昏欲睡的大使说道。

有时我感到快要和这个民族一起变得迷信了。当热情带有或者好像带有全民性质的时候，它就变得具有传染性了。但是，就在我露出这些迹象的时候，我想到了西伯利亚，那是俄罗斯文明不可或缺的辅助工具，于是我立刻恢复了冷静和独立。

在这里，政治信仰比宗教信仰更坚定；希腊教会的统一只是表面现象，因为被迫沉默的各个教派转入地下；但各民族变成哑巴只是暂时的，或迟或早，议论的时候一定会到来，宗教、政治等等最终全都要发言，把自己存在的理由解释清楚。一旦这个言论受到钳制的民族恢复了自由，就会出现乱哄哄的争吵声，让惊讶的世人以为又回到了巴别城混乱的状况。正是由于宗教上的纷争，总有一天俄国会发生社会革命。

在我接近皇帝并看到他的尊贵和美丽的时候，我赞美这一奇迹。像他那样的人在任何地方都很少见到，但是在皇帝的宝座上，他是一只不死鸟。我很高兴生活在有这样一个奇人存在的时代，因为就像别人喜欢辱骂一样，我喜欢表示尊重。

尽管如此，我还是会小心翼翼地检查我所尊敬的对象，结果，当我仔细地思考这个比任何人都要杰出的人物时，我相信他就像雅努斯[1]一样长着两副面孔，而在不对着我的那张面孔上刻着几个字：暴力、流放、压迫，或者是它们的同义词——西伯利亚。这个想法甚至在我和他说话的时候也不停地浮现在我的脑海中。我徒劳地试图只想着我对他说的内容；我的想象力虽然是我的，却从华沙漫游到托博尔斯克，而且单单是华沙那个词，就让我所有的不信任感又回来了。

---

1 雅努斯（Janus），罗马神话中的门神，前后各有一张面孔，因此也称为两面神。

世人知道吗，就在现在，亚洲的道路上再次挤满了流放者，他们被人从家中拖走，徒步走向自己的坟墓，就像牛群离开牧场走向屠宰场？这次的惩罚据说是因为波兰人的密谋，一群年轻疯子的密谋，而他们如果成功了，就会成为英雄。他们的孤注一掷的行为，在我看来反倒更为高贵和虔诚。我的心在滴血，为这些流放者，为他们的家人，为他们的国家。当人世间这个曾经盛行过骑士精神的角落的压迫者们，让鞑靼地方住满了古欧洲最高贵、勇敢的子孙时，结果会是什么？当他们用那样的方式让它冰冷的政体达到登峰造极的地步时，那就让他们享受自己的成功吧。西伯利亚会成为天国而波兰则成为荒漠。

欧洲还有一个民族没有独立，而且他们现在除了叛教的自由外也不懂得其他的自由，想到这一点，我们在打出自由主义旗号的时候难道不应该脸红吗？在俄国人把他们成功地用来对付亚洲的武器调转过来对付西方的时候，他们忘了帮助他们对付卡尔梅克人的同样的做法，在被用来对付一个很早就开化的民族时，就变成了践踏人道的暴行。

伏尔加河畔的景象还在继续，而这些恐怖的景象被归咎于波兰间谍的煽动，这让人想起了拉封丹寓言中狼的正义。这些互相残杀的事件作为序幕，足以让人了解即将到来的大动乱的特点。不过，在像这样治理的国家，民怨在爆发前会沸腾很久；危险可能在加剧，但危机还很遥远，而与此同时，罪恶仍在继续：也许我们的孙辈都不会看到爆发；尽管如此，我们现在还是可以预言它的不可避免，虽然我们无法预言具体会在什么时候。

我们一直在重申，俄国革命真的到来的时候，它会比较可怕，因为它会打着宗教的旗号。俄国的政体把教会融入了国家，把天国与人间混为一谈。把统治者看作神灵的人，不太会向往天堂，除非是借助皇帝的恩宠。

我决不会逃走。时乖运蹇，我又一次被耽搁了，而这次的耽搁合情合理。我正要上车的时候，一个朋友坚持要来看我。他带来了一封信，这封信他当时就想读给我听。可是天哪，这是一封什么样的信哪！是特鲁别茨科伊公爵夫人的来信，她寄给了她家族的一个人，要他转交给皇帝。我想把它抄录下来，好一字不差地发表出来，但我的朋友不允许我这样做。"那它就会传遍整个世界。"我的朋友说。那封信对我产生的影响让他惊恐不安。

"更主要的原因是要让人们知道它。"我回答说。

"不行。那样一来，有几个人就会受到牵连，再说了，它是以您的名誉做担保才借给我让您看的，而且要求半小时之内就把它还回去。"

这真是一个不幸的国度，那里的被压迫者把所有的外邦人都当成救星，而他们之所以那样，只是因为在一个被剥夺了真相、知情权和自由的民族中，外邦人代表了所有这些神恩。

在提到这封信的内容之前，有必要简单地说一段令人悲伤的历史。主要的事实很多人都知道，不过就像对一个遥远的国家了解到的其他事情一样一知半解，而那个国家的民众反倒漠不关心。就让公众读一读并感到脸红吧；是的，感到脸红，因为不管是谁，只要他没有尽最大的力量设法抗议这样的行为得以发生的政体，就是某种程度的帮凶和同党。我借口身体不适，让宪兵把马送回去，并让他告诉驿站的人，我要到明天才走。打发走这个好管闲事的探子之后，我坐下来写信。

十四年前，特鲁别茨科伊公爵被判有罪，成了苦役犯。他那时虽然年轻，但在 12 月 14 日的叛乱中发挥了非常积极的作用。

当时，密谋者的第一个目标是要在尼古拉皇帝的合法性问题上欺骗士兵。他们希望利用不明真相的士兵去发动武装叛乱并趁机推动政治革命，而那时候对于俄国来说，不知是幸还是不幸，只有他们觉得政治革命是必要的。这些改革者的数量太少，根本没有机会让他们激起的骚乱按照他们计划的结果收场。密谋是被皇帝的镇定，或者更准确地说，是被皇帝无所畏惧的表情挫败的。那位君主在掌权的头一天就从自己的威仪中得到了未来执政的所有力量。

革命就这样被镇压了，接下来必须惩罚那些罪人。特鲁别茨科伊公爵因为牵连最深，无法开脱，被判在乌拉尔矿区服苦役十四到十五年，之后流放西伯利亚，在给罪犯指定居住的某个偏远的定居点度过余生。

公爵有个妻子，她的家族是俄国最著名的家族之一。这位公爵夫人不顾劝阻，追随丈夫走向他的坟墓。"这是我的责任，"她说，"所以我会尽我的责任；没有谁有权把一个妻子与她的丈夫分开；我会分担我丈夫的命运。"

这位高尚的妻子得到恩准，与她不幸的丈夫一起被活埋。因为我见识过俄国以及俄国政府的精神，所以我很惊讶，十四年来，在尚未完全丧失的羞耻心的影响下，他们竟然认为应该尊重这种表现出献身精神的举动。他们支持爱国主义的英勇行为是理所当然的，因为这对他们有利，可容忍与君主观点相悖的崇高品德，就有点大意了，想必他们经常为此自责。他们担心特鲁别茨科伊的朋友们；不管贵族会堕落到何种地步，总归还保留了一点点独立性，而就是这一点点独立性起了作用，给专制统治投下了阴影。这个令人恐怖的社会充满了反差，很多人彼此间说话就好像生活在法国一样随便：公开的奴隶制成了他们国家的耻辱和诅咒，而这种隐秘的自由则成了他们的安慰。

当时因为担心激怒某些有势力的家族，政府对于谨慎的同情听之任之。公爵夫人和她的罪犯丈夫一起出发，而且更不简单的是，她到达了目的地。旅途本身就是可怕的考验：坐着俄式的四轮运货马车，一种不带弹簧、不带车篷的狭小的马车，颠簸几百、几千里格，马车和人都颠得散架了。这个不幸的女人为这些以及其他许多艰难困苦提供了支持，对此我因为缺少准确详细的材料就不作描述了，因为我不希望给这段完全真实的历史添加什么。

如果知道在那位丈夫倒霉之前，夫妻俩相处得有点冷淡，那她的行为就更显得崇高了。但是，强烈的献身精神不可以代替爱吗？或者更准确地说，难道它不就是爱吗？爱有很多源头，而自我牺牲当然是最丰沛的源头。

他们在彼得堡根本就没有过孩子，而他们在西伯利亚有了五个。

妻子的慷慨给这个男人带来了荣耀，他成了身边众人眼中神圣的人物。的确，有谁会不敬重如此神圣的爱的对象呢？

不管特鲁别茨科伊公爵可能犯下怎样的罪过，万王之王毫无疑问已经宽恕了他，虽然皇帝也许永远都不会；因为他认为，他应该严厉地对待自己以及自己的臣民，毫不留情。一位妻子身上几乎是超自然的美德，可以平息天主的愤怒，却无法消除凡人的正义。原因是，天主的全能是现实，而俄国皇帝的全能是虚构。

假如他像他自诩的那样伟大，那他早就宽恕那些罪犯了，可在他看来，宽厚仁慈不但与他的天性不符，同时也是软弱的表现，会贬低君主的身份：他习惯于用让人畏惧的程度来衡量自身力量的大小，所以他会把仁慈看作违背他政治上道德准则的行为。

就我而言，我判断一个人的力量，只看他如何对待自己，而且只在他敢于宽恕的时候，我才相信他的权威是牢固的，但尼古拉皇帝敢做的只是惩罚。对于一个骨子里仍然十分野蛮的民族来说，宽恕或许是个危险的先例。这位君主把自己降低到与他野蛮的臣民同样的水平；他让自己变得和他们一样冷酷无情；为了让他们依附，他不担心把他们变得像野兽一样。臣民和君主互相比试，看谁在欺骗、偏见和没有人性方面更胜一筹。野蛮与孱弱的可恶的结合，以暴易暴，谎话连篇，而那些谎话能把死人，血液有毒的死人说活了！这就是专制统治的实质和作用。

夫妻俩可以说是在乌拉尔矿区附近生活了十四年；因为像公爵这样的劳动者的胳膊，是不太适合抡镐的。他是为了在那儿而在那儿，仅此而已；但他是罪犯，因此我们很快就会看到，这会使一个男人还有他的孩子们处于怎样不幸的境地！

彼得堡一点都不缺好心的俄国人，而我就遇到过几个。他们认为矿区罪犯的生活是完全可以忍受的，而且他们还指责爱说漂亮话的新派人物，在描写乌拉尔山区叛国者的苦难时夸大其词。他们承认不允许给那些罪犯寄钱，但可以让那些罪犯的亲戚给他们寄食品等必需品。食品等必需品！几乎没有什么东西可以递送这么长距离还能有用的。但刽子手廷臣总觉得，惩罚相对于罪行来说太仁慈了。

不管在西伯利亚的生活中奢侈品有多么多，特鲁别茨科伊公爵夫人的健康状况都因为她住在矿区而受到了损害。很难理解一个在奢华的首都习惯了上流社会精致生活的女人，怎么能坚持了那么长时间什么都很匮乏的生活，而且那还是她心甘情愿的。她希望活下来，她也的确活了下来，甚至还生儿育女。她在一个在我们看来那里的冬季漫长而严酷得难以生存的地方抚养她的后代。那里的气温每年都要降到仅此便足以毁灭人类的地步。但这个圣洁的女人却毫不在意。

度过七年的流放生活之后，她看到孩子们在身边逐渐长大，认为自己有责任写信给家族中的某个人，恳求说他们会谦卑地恳请皇帝，允许把他们送到彼得堡或别的某个文明的城市，以接受合适的教育。

请愿书被呈送给沙皇，而这位不愧是几位伊凡和彼得一世继承人的皇帝答复说，罪犯的子女本身作为罪犯，总会学到足够多的东西！

得到这种答复之后，这家人，也就是母亲和被判有罪的丈夫，又沉默了令人心焦的七年。只有人道、荣誉、基督徒的仁爱和受到践踏的宗教感情在为他们申辩，可这是无声地进行的，因为它没有唤起任何为这样的正义申诉的声音。不过，再次降临的不幸现在从这灾难的深渊激起了最后的呼喊。

公爵已经服完他在矿上的苦役，而现在，获得所谓解放的流放者，又被迫去了最偏远的荒原，和年幼的家人一起建立定居点。他们新居住地的位置是皇帝特意亲自挑选的，那里荒无人烟，连俄国的军用地图，也就是现有的最精确和详细的地图，都没有标出它的名字。

自从得到允许居住在这个与世隔绝的地方之后，不难理解公爵夫人（我仅仅以她为例）的处境就越发悲惨。应该注意到，在被压迫者的语言中，就像压迫者理解的那样，允许是带有强制性的。在矿区，她可以在大地的怀抱中找到温暖，她的家人在困厄中还有同伴，有无声的安慰者，有钦佩她壮举的见证者。人类的眼睛凝望并充满敬意地叹惜她做出的牺牲，这种外在的环境使她做出的牺牲越发显得崇高。她的身边有别的心灵在一起跳动。总之，甚至用不着说话，她都可以感觉到自己生活在社会中，因为但凡有人的地方，就算政府用尽花招，仍然会有同情的目光。可是，能有什么希望唤起熊罴的同情心，或者融化无法穿过的森林中和无边无际的沼泽中经年累月的冰层呢？能找到什么办法把彻骨的严寒抵挡在简陋的小屋之外呢？距离任何有人居住的地方都有一百里格甚至更远，在这样一个地方，除了从监督各定居点的警长那里，还能从哪里弄到五个孩子赖以活命的给养？因为这就是所谓的移民西伯利亚！

与公爵夫人的与世无争一样令我钦佩的，是她必定拥有的雄辩和善解人意，那样她才能打消她丈夫的抵触心理，才能让她的丈夫相信，与彼得堡舒适优雅的生活相比，她和他一起受苦并不可怜。献身精神的这种胜利所得到的报偿是成功，因为她的丈夫最终同意了，我把这件事看作体贴、力量和敏感创造的奇迹。知道如何做出自我牺牲是难得而高贵的，而知道如何接受这样的牺牲也是高尚的。

目前夫妻俩被遗弃在荒野中，身体虚弱，孤立无援，与自己的朋友失去联系，同时，惩罚也降临到他们孩子的身上。孩子们的无辜只会加剧他们的痛苦，他们不知道怎样给自己以及自己的小宝贝们弄到食物。这些生来的小犯人，这些帝国的贱民，如果说他们不再有祖国，不再有社会地位，可仍然有要吃要穿的身体。一个母亲，不管她有多么尊贵，不管她的灵魂有多么高尚，难道能眼睁睁地看着自己身上掉下的骨肉死去也不肯求饶？不。她再次低下头，而这次不是因为基督徒的美德：这个高尚的女人被绝望的母爱击败了。她看到自己的孩子们病了却没有任何东西可以满足他们的需要。在这种极度悲惨的情况下，她那因为不幸而心力交瘁的丈夫，听凭她按自己的冲动行事；于是，公爵夫人从她流放地的小棚子里写了第二封信。这封信寄给了她的家人，但指定给皇帝。这是要向敌人屈服，是要忘记她应该做的事情，可有谁会因此而看不起她？天主召唤他的选民做出各种牺牲，甚至牺牲最正当的自尊。在理解生命的时候，如果不承认不朽，那就只能看到此岸事物光明的一面。这样的人必定要靠幻觉为生，就像他们在俄国也想让我靠幻觉为生一样。公爵夫人的信寄到了它该寄到的地方，皇帝读了信；正是为了把这封信交给我，我才在要出发的时候被拦住。我不会因为耽搁了行程而后悔。这是我读过的最简洁、最动人的文字。作者那样的行为使得言语成了多余的东西；她利用自己作为女英雄的特权，即便是恳求挽救自己孩子的生命，表达也是简单明了。

寥寥数行，她讲述了自己的处境，没有慷慨陈词，也没有抱怨。她在最后只是请求，恩准他们住在能够买得到药的地区，以便在孩子生病的时候可以给他们买点儿药。托博尔斯克、伊尔库茨克或者奥伦堡周围地区似乎就是她的天堂！在信的最后，她不再对皇帝说话。她忘记了一切，除了她的丈夫。她用一种哪怕是最严重的罪行（她没有犯下任何罪行；她对其说话的那个君主拥有无上的力量；唯有天主可以裁判他的行为！）也值得宽恕的语气动情地、充满尊严地说道："我非常痛苦，可即便这种痛苦再次降临，我的选择依然不会改变。"

这个女人的家族有个人很有胆量，他不但把信转交给皇帝，还加了一封言辞谦卑的请愿书，支持这个落难亲戚的请求。他只说那亲戚虽然是个罪犯，但无论是谁，在除了俄罗斯皇帝之外的任何人面前，都会自豪地公开承认，他与如此高尚的、为了尽到夫妻间的责任而做出牺牲的人是亲戚。——说得好！在连续报复了十四年之后还不满足，我如何能够克制住我的愤怒？要是用温和的言语叙述这样的事实，那就是背叛一项神圣的事业：让俄国人去反对他们，要是他们敢的话；如果是我，我宁可死于专制而不是事故。要是他们可以，他们会把我碾死，但那样一来，至少欧洲就会知道，六千万人总是在说他万能的那个人是在报复！——的确，对于这样的正义，报复是个恰当的说法。在受了十四年的报复之后，这个因为那么英勇的行为而使其痛苦变得高贵的女人，从尼古拉皇帝那里仅仅得到如下答复："我很惊讶还有人胆敢对我提到（十五年中的第二次！）其家长阴谋反对我的那个家庭！"读者可能会怀疑这个答复。如果是我，我也会怀疑，但是我有确凿的证据能证明这是真的。

流放者的亲戚属于很有势力的特鲁别茨科伊家族，生活在彼得堡，而且出入宫廷！这就是俄国贵族的精神、尊严和独立性！在这个充满暴力的帝国，恐惧可以为任何事情开释，不仅如此，它还是一定会得到报应的唯一的功德。

对于尼古拉皇帝的性格，我的看法不再有任何犹豫，不再有任何不确定。我终于有了对那位君主的判断。他才智出众，行事果断；他要想做好三分之一个地球的看守，就必须这样；但他需要大度一点，在这方面，他使用权力的方式向我证明得太清楚了。愿天主宽恕他！幸好我决不会再看到他。

一想到这位不幸的母亲所受的痛苦，谁的内心不会滴血！天主哪！如果这就是您为了最崇高的美德而为世人注定的命运，那就向世人展示您的天国吧，那就在死亡来临之前为世人打开天国的大门吧！想象一下，当这个女人看着自己孩子的时候，当她在丈夫的帮助下努力为他们提供所需教育的时候，她会有怎样的感受！教育！对于那些没有名字，只是像牧群中的牲口一样有标记和编号的人来说，它是有害的东西。为了对他们所爱的无辜的受害者隐瞒其不幸的身份，流放者能把自己所有的记忆和习惯丢开吗？父母与生俱来的优雅会不会在那些幼小的野蛮人的内心生出他们永远也不能实现的想法？他们会承受什么样的危险和什么样的时时刻刻都会受到的折磨啊！他们的母亲又要做到什么样难以承受的克制啊！这种精神上的煎熬，加上那么沉重的肉体上的痛苦，就像无法醒来的梦魇一样纠缠着我。从昨天早晨开始，它就不停地追逐我，不停地在我耳边说，特鲁别茨科伊公爵夫人现在在做什么？她在对自己的孩子们说什么？她看着他们的时候是什么表情？她在为那些小东西向天主祈求的是什么，是不是宁可堕入地狱也不愿老天把他们生在俄国？一代无辜的人却受到这种惩罚，真的让整个民族蒙羞！

我将结束我的旅程，但不会去博罗季诺，不会在宫廷到达的时候出现在克里姆林宫，不会再提到皇帝。对于这位君主，我能说些什么读者现在和我一样不知道的东西呢？要了解这个国家的人和事，那就必须记住，有很多事情和我在这里讲到的差不多，虽然它们还不为人知。要让我看到良心驱使我在这里记录的那些事实，就需要特别相似的环境。

　　我会把我来到俄国之后所写的东西，包括眼下的这篇，都放在密封的袋子里，交给可靠的人保管，虽然这样的人在彼得堡不好找。这天剩下的时间我会写封正式的信件，明天寄出去。这封信会很周到地对一切表示赞美，因此我可以抱着合理的希望，这封信如果在边境被查获，会保证我在剩下的旅程中不被打扰。如果我的朋友收不到我的消息，他们肯定会以为我要被送去西伯利亚，因为只有那样才会改变我去莫斯科的计划。这个计划不会再拖了，因为宪兵刚刚过来通知我，明天早上驿马肯定会在门口接我。

第二十二封信

波美拉尼亚，8 月 3 日

从彼得堡到莫斯科的道路·行驶的速度·利沃尼亚人·左马驭者受到的惩罚·最好的统治方式·俄国道路上的英国马车·乡下人·乡村的面貌·驿站·瓦尔代丘陵·农民的服装·穿着随便的俄国女士·俄国小城·俄国的托尔诺克皮革·鸡排·一条分成主路和辅路的道路

我正在波美拉尼亚写信，那是个驿站小城，距彼得堡十八里格。

赶着驿马在彼得堡到莫斯科的路上疾驰，有整天在巴黎坐云霄飞车下降的感觉。如果带辆英国的马车到彼得堡就好了，哪怕只是为了坐着带有真正弹簧的马车，在这条有名的道路上旅行时舒服一点。这条路照俄国人说是欧洲最好的马路，而且我相信照外邦人的说法也是。必须承认，路面养护得很好，只是由于材料的性质，路面很硬。那些材料被敲成了还算小的碎块，它们在让路面硬实的同时，也让路面有点崎岖不平，颠得马车每隔一段路程就有什么松动了。就这样，我们像飓风追逐前面的乌云一样，尘土飞扬地飞奔所节省下来的时间又失去了。英国马车对于开始的几段路程来说很舒服，可要是走远路，人们发现，必须用俄式马车，才能承受住马的速度和坚硬的路面。桥的栏杆都做成了漂亮的铁栏杆，花岗岩桥墩的表面则刻有帝国的国徽。这条路比英国的那些要宽，而且还一样平整，尽管不太舒适。马矮小，但力气很大。

我的宪兵的想法、举止和外表，总让我想起在他的国家盛行的精神。到达第二段路程的时候，我们的四匹马中有一匹倒在了路上。尽管已是夏末，但中午依然非常炎热，而且尘土飞扬，让人透不过气来。依我看，那匹马是因为天气太热倒下的，除非立刻给它放血，不然会死掉。于是我叫来宪兵，并从我口袋里拿出一只盒子，里面装着放血针。我把放血针递给他，告诉他如果想救那可怜的畜生一命，就马上给它放血。他没有接过我递过去的放血针，而是无动于衷地回答说没关系，反正这段路已经走完了。说完，他没有帮助倒霉的车夫松开马的缰绳，而是走进旁边的马厩，准备另一组马去了。

与英国人不一样，俄国人远远没有保护动物免遭人类虐待的法律。相反，在他们当中，就像在伦敦为狗和马的福利辩护一样，迫切需要为人的福利辩护。我的宪兵不会相信有这样的法律存在。

我运气好，这人是利沃尼亚人，会说德语。他表面上殷勤谦恭、巴结奉承，实质非常傲慢、顽固。他身材细长，淡黄色的头发使他的脸看上去有点稚气，那种稚气掩盖了他脸上其实十分冷漠严厉的表情。尤其是他的眼神，狡诈无情。他的眼睛是灰色的，睫毛差不多是白的；浓密的眉毛颜色很浅；额头饱满但较低；如果不是因为经常风吹日晒而变成了棕褐色，他的皮肤会很白皙；他的嘴总抿着，嘴型漂亮，嘴唇薄得只有说话时才看到。他的绿色的俄国制服干净、合身，腰上扎着皮带，扣子在前面，显出几分优雅。他步履轻快，但理解力极为迟钝。

他在成长时受过训练，但看得出他不是俄罗斯血统。这个居住在芬兰湾南边、带有一半瑞典人和一半条顿人血统的种族，无论是和芬兰人还是斯拉夫人都有很大区别。在原始天赋方面，真正的俄罗斯人要比守卫他们边疆的混血人种更令人称道。

这个宪兵让我对他几乎没有信任感。他名义上是我的向导兼护卫，但我在他身上看到的只是一个伪装的密探，感觉他随时都可能接到命令，摇身一变把我抓起来。

我已经说过，俄国人彼此间既多礼又残忍，说翻脸就翻脸；这里便是众多例子中的一个。把我带到我写信的那家驿站的左马驭者，在他出发的那段路上，不知出了什么差错，惹怒了他的同伴马夫头头。后者把他踩在脚下——尽管他还是个孩子——用拳头打他，而且打得肯定很重，因为我隔着一定距离还能听到拳头打在胸口的声音。打人的打得累了，挨打的站了起来，哆嗦着大气都不敢出，一言不发地捋了捋头发，向他的头头行了礼，然后，因为受到刚才挨的那顿打的鼓舞，他轻捷地坐到驭者的座位上，以每小时四里格半到五里格的速度载着我飞奔。皇帝出行的速度是七里格。火车要开足马力才能赶上他的马车。为了达到如此惊人的速度，而且要连续行驶一百八十里格，那会有多少人挨打，多少马倒毙啊！有人说，坐着敞篷马车旅行的这种难以置信的速度对健康有害，很少有人的肺能受得了这么快的速度。皇帝身体健壮，什么都可以承受，可他不太健壮的儿子对于以增强体格为由对其身体提出的要求深感痛苦。从这位皇子的举止、表情和语言所传递的想法来看，他无论是身体还是心理都一定非常痛苦。就他而言，尚福的话可能是适用的："在人的一生中，有一个阶段必然会到来，届时，心要么一定会破碎，要么一定会变硬。"

俄国人给我的印象是生性温和，但他们却自认为专为暴力而生。他们把对艺术的爱好与东方人的恬淡结合在一起，这相当于是说，大自然给了他们自由的愿望，而他们的统治者却把他们变成压迫的机器。人一旦上升到普通水平以上的等级，那就得到了虐待比他地位低的人的权利，而且负有虐待比他地位低的人的义务。他有责任把自己从在他之上的人那里挨的拳头再送给在他之下的人。极为不公的风气就这样一层一级地往下传递，直到传递给这个不幸的、只有靠暴力才能维持下去的社会的底层。这样的暴力十分厉害，逼得奴隶不得不假意感谢他的暴君；而这就是他们这里所谓的公共秩序；换句话说，这是一种如同坟墓一样阴沉可怕的平静。但俄国却对这种平静引以为荣。只要人还没有下定决心在地上爬行，他必定会为自己的什么东西感到骄傲，哪怕这样做只是为了给他保存人的称号。

凭着一股对抗基督教教义的劲头，世界已经变成了齐声赞美野心的世界，特别是在上个世纪，就好像那不是诸多激情中最残酷和最无情的，就好像社会少了傲慢、贪心、跋扈的人。不过，更特别的是，野心已经被出让给各国的政府。看起来就好像人民的首脑特别享有犯罪的权利似的。就我而言，在贪婪地进行征服活动的民族与从事武装抢掠的强盗之间，我看不出在道义上有何区别。公众的罪行与个人的罪行唯一的区别就是，一个制造了大的罪恶，一个制造了小的罪恶。

俄国人为自己辩解的理由是，他们顺从的政府支持他们的野心。但是，只能用这种方式实现的一定是坏的目标。这个国家的人是个有趣的人种。在最底层的人们中间，我从他们的手势可以认出某种聪明，从他们的动作可以认出某种柔韧和敏捷，从他们的表情可以认出某种灵巧、忧郁和优雅，这些都是血统纯正的人的标志，但他们却变成了驮兽。难道他们要让我相信，用这种人形牲口的尸体给土壤施肥是必要的，大地要经过很长时间才会变得肥沃，生出的人才会配得上收获天主应许给斯拉夫人的荣耀吗？天主禁止我们哪怕是为了最大的善去犯下小的罪恶。

我不是说他们现在应该或者能够像他们统治欧洲其他国家那样去统治俄国人，而是说，如果最高层能树立温和仁慈的榜样，那就会避免无数的罪恶。但是，一个到处都是溜须拍马之徒的民族，一个受到它的君主吹捧的民族，能有什么希望？君主非但没有把他的臣民提升到他的水平，反而把自己降低到他们的水平。

如果说宫廷的彬彬有礼能够对哪怕是最下层的人的举止产生影响，难道不可以设想绝对君主树立的仁慈的榜样会唤起整个臣民合乎人道的情感吗？

严惩那些作恶的，同时善待那些受苦的，如此一来，您就会把您的牧群变成一个民族。这样的变化毫无疑问很难实现，但是，您在这里的尘世被宣布和承认为无所不能，难道不是做了对他人来说不可能的事情吗？在人间占据了神的位置的人，应该承认的不是别的可能性，而是作恶的可能性。他被迫像天主一样，为的是让他自以为拥有的权力合法化。

您希望像古代那样靠征服去统治世界，您试图靠武力去拥有您可以用这样的方式轻而易举地攻击的国家，而且您竭力用恐吓的办法压迫世上其余的国家。您所梦想的权力扩张既不道德，也不理性；如果天主让您得逞，那是为了让世界经受磨难。

我十分清楚，人间不是纯粹正义的凯旋之地。尽管如此，基本的信念仍然不会改变：恶就是恶，与结果无关；不管它带给一个民族的是疆域的损失还是扩大，带给人的是幸运还是不幸，在永恒的天平上，它的分量永远一样。无论是个人的倒行逆施还是政府的罪行，任何时候都不符合天主的意志。天主不会宽恕强盗头子及其手下的过错，也不会宽恕君主及其臣民的过错。但是，如果说罪行不是出于他的意志，那么，事情的结果总是合乎关于他对正义的看法，因为这种正义选择了结果，尽管它没有选择罪行。天主在对人类进行教育，而所有的教育都由一连串的审判组成。

对罗马帝国的征服并没有动摇基督教信仰，俄国的压迫性力量也不会阻止同样的信仰在公正之人的心中继续存在。只要还有无法解释和无法理解的事情，信仰就不会在人间消失。

在一个所有事物都让人感到不可思议的世界，从国家的兴衰到一片叶子的生发和消失（在一片叶子中显微镜向我们显示的，和在天空中望远镜向我们显示的，或者在历史中重大事件向我们显示的天主的干预是一样多），每一天的经历都在坚定我们的信仰，因为信仰乃是唯一的光，对于被疑云包围的人来说不可或缺，因为他仅凭自己不可能消除怀疑。

如果我们注定要再次蒙受遭到入侵的耻辱，那征服者的胜利只是向我证明了被征服者的过错。在有思想的人的眼中，成功除了说明尘世的生活既不是人类存在最初的模式，也不是人类存在最终的模式之外，说明不了任何问题。让我们把犹太人感兴趣的信仰交给犹太人，让我们记住这句话："我的国不属这世界。"

这些振聋发聩的话，我们在俄国每走一步都要反复地对自己说。一看到那么多不可避免的苦难，那么多必然存在的残忍行为，那么多没有擦干的眼泪，那么多极不公正的事情——自愿的和不自愿的，因为在这里就连空气中也弥漫着不公正的气息——在这些灾祸不是降临到一个家庭或一个城市头上，而是降临到一个种族、一个占据了三分之一个地球的民族头上的景象面前，惊恐的心灵不得不背对人间呼喊："的确，您的国不属这世界！"

唉，我的言语为何如此乏力？它们为何不能和那过多的苦难一样生动？对于那些苦难，我们只能用过多的同情来表示对它们的辨别力。社会中所有的弹簧都像扳机即将扣下的火枪的保险栓一样拉紧了。这样的景象把我压迫得几乎头晕目眩。

自从来到这个国家，尤其是自从我了解到统治着这个国家的那个人的内心，我就感到一种令我自豪的极度兴奋；因为，如果说暴政的气氛让我窒息，如果说谎言让我恶心，我必定是为某种更好的东西而生，而我本性所渴望的东西——它们太高贵了，在像我在这里沉思的这个社会是不会得到满足的——为我以及我同时代的人预报了一种更纯洁的幸福。天主不会赋予我们他打算派不上用场的才能，他从一开始就给每人分派了他的位置。我们要做的就是不要让自己配不上他专门给我们保留的荣耀。我们身上所有优秀的东西，终点都在天主那里。

读者会感到奇怪，是什么让作者可以细细地考虑这些问题。我的马车出了故障，这让我有空把自己的想法记录下来。

在离这儿几里格远的地方，我遇到俄国的一个熟人。

他去看了他的一个庄园，此时正要返回彼得堡。我们停下来谈了片刻。这位俄国人看了一眼我的马车，然后就开始大笑，指着马车上各种各样复杂的零件说："您看看这些东西，在您到达莫斯科之前，它们还是会松掉。到了我们国家还坚持用他们自己马车的外国人，出发时像您一样，但回去就要乘公共马车了。"

"哪怕只走到莫斯科？"

"甚至到不了莫斯科。"

"俄国人告诉我这是全欧洲最好的路，我把他们的话当真了。"

"有些桥还没有。许多路段要维修，所以就经常离开公路，从临时搭成的便桥上通过，而由于我们车夫的粗心大意，外国人的马车总是在这些难走的地方坏掉。"

"我的马车是英国货，它的优良性能已经在漫长的旅程中得到了证明。"

"它们无论在哪里跑得都不像在俄国这么快；在如此快速的运动中，马车就像暴风雨中的小船一样剧烈震动，上下颠簸，左右摇晃。即便是在这种平坦但路基很硬的路上，要想承受这么大的负荷，那马车，我再说一遍，就必须是俄国造的。"

"您还是抱有成见，喜欢又大又重的马车，不过，它们可不是最结实的。"

"祝您旅途愉快！要是您的马车到了莫斯科，给我捎个信。"

我刚离开这个乌鸦嘴的家伙，轴上的一个零件就坏了。幸亏我们离这段路的终点，也就是我现在耽搁的地方不远。我该说一下，一百八十里格的路，现在我才走了十八里格……我将不得不放弃疾驰的乐趣，而且我正学着用俄语说"慢点儿"，这和俄国旅行家通常的箴言恰好相反。

俄国的马车夫穿着粗布土耳其长袍，如果像今天这样天气暖和，就穿着花衬衫或束腰短袍，一看就像是东方人。单从他坐在自己座位上的姿势，就可以认出亚洲人的那种优美。赶驿马的时候，俄国人坐在驭者座位上控制车辆，不需要左马驭者，除非是非常重的马车，需要六到八匹一组的马，而且即便那样，也会有一个人坐在驭者座位上。车夫把一组马的所有缰绳都拽在手里，共八根，并排的四匹马每一匹都有两根。车夫在控制这套别具一格的缰绳时的优美、从容、机敏和稳健，他迅捷而又极其细微的动作，他下车时轻盈的身手，他挺拔的身姿，他穿衣服的方式，总之，他整个的样子让我想到了世上生来最为优雅的人——西班牙的吉卜赛人。俄国人是白皮肤的吉卜赛人。

我注意到，有些农妇不像在彼得堡的街头看到的那么难看。她们的体形都不太优美，但气色很好。在这个季节，她们的头饰是一块印度方巾，裹在头上，方巾的两个角垂在后面，这个国家的人觉得那样很自然。她们经常穿一种小的毛皮披风，长及膝盖，腰部用一根腰带收紧，两侧在臀部以下分衩，前面开口，可以露出里面的衬裙。这种衣服的样子很漂亮，但靴子却有损她们的形象。皮子油腻腻的，靴底很大，靴头是圆的，而且褶皱让腿的形状完全看不出来。它们太粗笨了，会让人以为是农妇从自己丈夫那里偷来的。

这里的房屋和我去施吕瑟尔堡时描写的那些一样，只是不太讲究。村子的外观很单调，永远由两排木头的小屋组成，多多少少都比较长，排列整齐，与道路保持一定的距离，因为一般来说，村子的街道要比公路的路堤宽些。所有小屋都是用粗略砍削过的原木建造的，山墙对着街道。所有住房的式样都差不多，虽然单一、乏味，可村子却有一种舒适甚至兴旺的气氛。作为乡村，它们没有如画的美景。我在那里感受到的是田园生活的宁静，这让人在离开彼得堡之后倍感惬意。乡村的人们谈不上热情奔放或喜气洋洋，但他们没有士兵和政府仆从的那种可怜相。在所有俄国人中，这些人受到的缺少自由的痛苦最少。农业劳动容易使人在社会生活中逆来顺受，使人变得特别能忍耐，变得什么都无所谓，只要别打扰他，好让他专心去做合乎自己本性的事情。

到目前为止，我走过的都是贫穷的、有很多沼泽的森林地区。目力所及，荒凉的平原上稀稀拉拉地散布着一些小得可怜的桦树和松树，看不到耕地和茂密的树木。牛是个可怜的东西。就像专制制度压迫人一样，气候也压迫牲口。可以说大自然和社会争相给生活制造困难。如果考虑到在这里为了组织一个社会所必须克服的大自然的障碍，我们便不再有权利对任何事情感到惊诧，除了我们看到的，在一个自然条件如此不利的民族当中，物质文明居然如此先进。

思想的统一和事物的固定不变真的能补偿哪怕是最令人厌恶的压迫吗？我觉得不能；但是，假如有人向我证明，这种体系是唯一能够用来建立和维护俄罗斯帝国的体系，那我只需要提一个简单的问题：对于人类的命运来说，有必要让人居住到芬兰的沼泽地带吗？有必要让被带到那里的可怜的人们建起一座看上去很神奇可实际上不过是西欧的仿制品的城市吗？文明世界从莫斯科大公国人的扩张中得到的，只有对再次遭受入侵的恐惧，以及毫无怜悯心的、除了在古代历史上之外再也没有先例的典型的专制统治。

我写信在的这幢房子整洁而漂亮，与周围光秃秃的环境形成了奇怪的对照。它既是驿站又是客栈，我发现它可以说很干净。人们会误以为它是某个退隐的、不愿再受约束之人的乡间别墅。这一类驿站虽然不像波美拉尼亚的经营得那么好，可是由政府出资，路上每隔一段距离就有。我在的这家驿站的墙壁和天花板都像在意大利那样刷了油漆。一楼有几个宽敞的房间，很像是法国某个外省的餐馆。家具是蒙了皮子的，可以代替床的大沙发随处可见，但我已经有过多次教训，不会指望睡甚至坐在上面。在俄国的客栈，连那些被吹得天花乱坠的也不例外，所有带软垫的家具都是害虫聚集和繁殖的巢穴。

我的床是随身带的，那是俄国工业的杰作。要是到达莫斯科之前再出岔子，这件家具就有机会派上用场，我还会庆幸自己有先见之明。

现在我是在大诺夫哥罗德与瓦尔代之间的叶德罗瓦写信。在俄国根本就没有远方——俄国人是这样说的，旅行家也都众口一词，重复这种说法。我原来也这么看，但不愉快的经历迫使我采取完全相反的意见。在俄国没有别的，只有远方，只有一眼望不到边的空荡荡的平原。两三个让人感兴趣的地方彼此隔着广大的空间。它们之间的大片区域荒无人烟，毫无如画的美感。公路破坏了草原的诗意，结果只剩下没完没了的空旷、单调和荒凉。一切都是光秃秃的、贫瘠的；与先民的荣耀使其变得辉煌灿烂的国家——比如说已经湮没在历史中并变成各民族富有诗意的墓地的希腊和朱迪亚[1]——不同，这里没有任何能够激起人敬畏之心的东西；这里也没有任何原始的自然所拥有的那种壮丽；这里的景色简直是丑陋的；有时它是干燥的平原，有时是沼泽；单是这两种荒芜就足以让景观发生变化。距离彼得堡越远，有些村庄就变得越是脏乱。它们非但不能给风景注入生气，反而使之变得更加凄凉。住房不过是用成堆的木头胡乱搭成的，木板屋顶在冬天有时要另外加一层茅草。这些屋子肯定暖和，但看上去很压抑。房间很暗，而且因为不通风，气味难闻。他们根本不用床；夏天，屋里的人们就睡在房间四周靠墙摆放的长凳上；冬天就睡在炉子上，或者炉子周围的地上。换句话说，俄国农民一辈子都过着露营的生活。"居住"这个词意味着某种舒适的生活方式，这里的人不懂得居家的习惯。

　　路过大诺夫哥罗德时，城里古代的大建筑我一个也没看到。大诺夫哥罗德曾有很长时间是共和国，之后成了俄罗斯帝国的摇篮。我们驱车穿城而过的时候，我睡得很沉。如果我从维尔诺和华沙返回德国，那无论是沃尔霍夫河还

1　朱迪亚（Judea），古巴勒斯坦的南部地区，包括如今的巴勒斯坦南部和约旦西南部。

是圣索菲亚教堂，我都看不到。沃尔霍夫河曾经埋葬了很多市民，因为那个混乱的共和国不珍惜自己孩子的生命。圣索菲亚教堂则关系到诺夫哥罗德被伊凡四世——现代所有暴君的典型——破坏并最终征服之前对俄国一些最辉煌的往事的记忆。

我听说过很多关于瓦尔代丘陵的事情，俄国人吹嘘它是莫斯科大公国的瑞士。现在我离这座城市不远了，之前的三十里格路程已经注意到地表开始有了起伏，尽管还不像山地那样。这意思是说有很多小的沟壑，结果那里的路就修得有上坡下坡，下坡时速度飞快。只是在换马的时候会浪费时间，因为俄国的马夫套马时慢腾腾的。

这个地方的农民戴的是一种没有帽檐的便帽，帽顶又宽又平，但戴在头上很紧；那种帽子就像蘑菇；有时候会有孔雀羽毛别在帽圈周围，而男人如果戴的是有帽檐的帽子，也会采用同样的装饰。他们通常不穿靴子，而是蒲鞋，是农民自己编的，并且当作裹腿用带子绑紧。它们在雕塑中比在活人身上好看。有些古代的雕像证明这种穿着十分古老。

农妇很少见到。（作者附释：但在仅仅一百年前，俄罗斯妇女还完全足不出户。）要碰到十个男人才会遇到一个女人。我发现她们的衣着完全没有女性的虚荣。那是一种晨衣，非常宽松，脖颈处扣紧，长及地面。一条大围裙同样很长，用两根短的带子系在肩上就成了她们的外套，又土气又难看。她们几乎全都打着赤脚，富裕一点的就穿着我说过的那种粗笨的靴子。头上裹的是印度方巾或别的什么。真正具有民族特色的女性头饰只有在节日才会戴上。那和宫廷贵妇的头饰是一样的，即一种筒状的、顶上敞口的帽子，或者更准确地说，一种很高的冠状头饰。贵妇戴的会用宝石作为点缀，农妇头上的则饰有金银丝线的绣花。这种头冠给人的印象很深，除了西布莉女神[1]的塔形头饰，不同于其他任何头饰。

在俄国女性中，不重视外表的并非只有农妇。我见到几位女士，她们在旅行时的衣着就非常邋遢。今天早上，在我停下来吃早饭的一家驿站，我遇到了原先在彼得堡已经与她们告过别的一大家人。她们在彼得堡住的是俄国人很乐意在外国人面前炫耀的那种豪华的宫殿式住宅。这些女士在那里穿的是巴黎时装，可在小客栈——因为我的马车又出了点意外，她们在那里赶上了我——她们全都像变了个人。她们的变化十分古怪，以至于我几乎认不出她们了：仙女变成了巫婆。想象一下，你仅仅在高雅的社交聚

1　西布莉（Cybele），古代小亚细亚人崇拜的自然女神。

会上见过的女士，突然出现在你面前，衣着之糟糕连灰姑娘都不如：戴着以前可能是白色的旧睡帽，晨衣脏透了，头巾像破布，走路时趿拉着一双旧鞋。这足以使人以为自己中了魔法。

这些有教养的旅行者有很多跟班。一大群男仆和侍女，裹着比他们女主人的那些还恶心的旧衣服，四下晃荡，吵得要死，让人误以为这是巫婆大聚会。她们到处尖叫蹦跳，喝着塞着能吃的东西，那样子让看到的人哪怕再饿也没了胃口，可这些女士仍然在我面前装模作样，抱怨说驿站太脏，就好像她们有资格挑剔似的。要不是吉卜赛人不会装模作样，我会以为自己是在吉卜赛人的营地。我为自己旅行时的随遇而安感到自豪。我觉得政府，也就是皇帝，在这条路上建的驿站非常舒服。我认为自己在这些驿站吃得很好。如果没有床也行，人们甚至可以在那里过夜，因为这个游牧民族只知道波斯地毯或羊皮，或者在帐篷下的卧榻上铺一块垫子，不管帐篷是帆布的还是木头的，因为无论哪种情况都是对露营的纪念。把床当作不可或缺的家具来用，到现在还没有得到斯拉夫民族的认可。在奥德河之外的地方，床很少见到。

在这片被称作俄罗斯的巨大的沼泽上，散布着一座座小湖。有时候在湖边可以远远地看到有座小城，即一些聚集在一起的用灰白色的木板建成的小房子。它们倒映在水中，有一种美如画的效果。我路过两三个这种熙熙攘攘的地方，但特别引起我注意的只有齐马戈伊。它只有一条街，长一里格，很陡，两边是木屋。稍远的地方，在它所傍小湖的一条支流对面，可以看到一座罗曼蒂克的女修道院，修道院白色的塔楼高高地耸立在冷杉林的上方。那处冷杉林在我看来，长得比我至今在俄国见过的任何一处冷杉林还高，还密。考虑到这个国家对木材的消耗，包括用于房屋的建造和采暖，我很惊讶它居然还有森林。至今我看到的都是些稀稀拉拉、小得可怜的灌木丛，它们只会妨碍土地的耕种。

我在托尔诺克又拿起了笔。在平原上想要远眺是不可能的，因为所有物体都会妨碍视线，灌木、栅栏或建筑物会把在它自身与地平线之间的几里格区域遮住。还可以注意到的是，这里根本就没有能给人留下深刻印象的风景，根本就没有哪个地方能吸引人的眼睛，一根生动别致的线条都找不到。在光秃秃的、没有变化的地表上，至少应该有南方天空的色彩，但是在俄国的这部分地区，连南方天空的色彩都没有。这里的大自然肯定会被看作绝对的虚无。

他们所谓的瓦尔代丘陵就是一连串的上坡和下坡，与灌木丛生的诺夫哥罗德平原一样单调乏味。

小城托尔诺克的制革很出名。这里制作的精美的靴子，金银丝线的绣花拖鞋，深受欧洲的雅致之人，尤其是那些喜欢只要是来自远方的无论什么稀罕物件的人的喜爱。从托尔诺克路过的旅行者在那里买的皮革制品，价格比它们在彼得堡或莫斯科的售价高很多。漂亮的摩洛哥革，或考究的俄罗斯革，是在喀山制作的，据说在下诺夫哥罗德的集市可以用最便宜的价格买到，而且那里可以挑选的皮子堆积如山。

托尔诺克的鸡排也很出名。从前有一天，皇帝在这座小城的一家小客栈歇脚，招待他的是用肥鸡做的肉丁土豆，他很惊讶地发现那味道非常好。托尔诺克的鸡排随即在俄国出了名。（作者附释：在俄国，皇帝可以使任何东西成为时尚。在米兰，若是总督赞助哪个演员或歌唱家，这位艺术家马上就会名声扫地，得到毫不留情的嘘声。）这道菜的起源如下。一个落魄的法国人在这座小城受到一家客栈女老板很好的接待。临走前，他对她说："我没钱付给你，但我会帮你发财。"于是他就教她怎样把鸡肉烹制成原汁鸡块。凑巧的是，这道美味第一次是给皇帝准备的——至少据说是这样。托尔诺克的女老板现在死了，但她的子女继承了她的名声，并把它保持下来。

当托尔诺克第一次出现在旅行者视野中的时候，人们

会以为那是座兵营，坐落在一片广阔的麦田里。它的白色
房屋，它的塔楼和大帐篷一样的穹顶，让人想起东方的清
真寺和宣礼塔。金碧辉煌的角楼，圆的和方的尖塔——有
些饰有小圆柱，而且全都涂成绿色或蓝色——表明莫斯科
快到了。周围都是良田。这是一片平原，长着黑麦。与前
两天让我看腻了的茂密的森林相比，我更喜欢这种平原，
虽然那上面没有一点其他东西。耕地不管怎么说很肥沃，
而一个地方的富裕会让我们原谅它缺少如画的美景，但在
一片贫瘠可又缺少荒野的雄浑之美的土地上旅行，是最无
趣的。

　　我忘记说旅途开始时让我印象深刻的一件奇怪的事
情了。

　　在彼得堡和诺夫哥罗德之间，我注意到连续几个路段
都有与主路平行的辅路，虽然离得较远。辅路上桥梁什么
的都有，安全和通行没有问题，只是远没有大路那么漂亮
和平坦。我问驿站老板这是怎么回事，他通过我的宪兵回
答我，小路是在皇帝或其他皇室成员去莫斯科时给运货马
车、牲口和旅行者走的。这样就可以避免如果大路对公众
开放，灰尘和障碍物给尊贵的旅行者造成的不便和妨碍。
我搞不清楚店老板是不是在拿我开心，但他说话的样子一
本正经，似乎认为在一个君主就是一切的国家，君主独占

道路理所当然。说过"朕即法国"的那个国王，停下来让羊群通过；在他统治期间，公共道路上的行人、车夫和乡下人，对遇到的王公贵族重复着我们的老话："公路是大家的。"真正构成法律的东西是其应用的方式。

在法国，风俗习惯无论在什么时代对于政治制度都有纠正作用；在俄国，法律在应用的时候会更加严苛，所以在那里，结果比原则更差。

第二十三封信

克林，8月6日

奥唐奈伯爵夫人·少年车夫·道路·俄国人的优雅·妇女的衣着·跷跷板·美丽的农妇·俄国的农舍·农奴的服装·虔诚的小偷·上层阶级缺乏原则·女政治家·农奴在家庭中的幸福·用决疑法进行的反思·宗教和国家的关系·取消莫斯科牧首的职位·教派与母教会的根本区别·小马驹的故事·作者受道德氛围的影响·国家的道德责任·白日梦·第一次看到伏尔加河·对西班牙和俄国的比较·北方的露水

作者附释

米兰，1842年1月1日

以书信形式把这一章写给奥唐奈伯爵夫人（奥唐奈夫人是索菲·盖伊夫人的女儿，与德尔菲娜·德·吉拉尔丹夫人是姊妹[1]）还不到三年，那位夫人就不在了。

唉！从今往后，就不用担心因为向她叙说我对正在描述的那个奇特的国家的意见而连累她了。她的姓名是我出版的书信中唯一会出现的姓名。

---

1 索菲·盖伊夫人（Madame Sophie Gay, 1776—1852）和德尔菲娜·德·吉拉尔丹夫人（Madame Delphine de Girardin，1804—1855）都是法国作家。

她是我所知道的一个最友善、最有才智的女人，一个最应该得到、也最能感受到真正友谊的女人。同时，她也知道怎样用有力的方式让她朋友的生命变得更加坚强，知道怎样用温柔的方式让她朋友的生活变得更加美丽。她的才智让她可以提出最明智的建议，她的心肠使她做出最高尚而有力的决定，而她的风趣让生活对于接近她的哪怕是最不开心的人也充满快乐。

她公开反对一切形式的做作，但也能容忍缺点。她明智地利用自己天生的洞察力所提供的武器；她哪怕是在说风趣话的时候也是公正的；她只嘲笑那些本可以避免的荒谬的事情。作为一个生来就具有很强的判断力但一点也不好为人师的人，她用因为隐蔽而更加有效的方式去纠正他人的偏见。如果不是在这种善举中对她产生影响的诚挚的情感，她的巧妙和体贴可能会被当作心机；但那是善意的和充满爱心的心机；她在不伤害任何人感情的情况下，用它来改正他人的缺点和纠正他人的错误。

在她认为义不容辞的时候，她会说出严厉但不伤害自尊的忠言；因为在她看来，有话直说是友谊的证明。她性格中所有展现出来的全都是令人愉快的，而所有隐藏起来的全都是令人爱慕的。

刚强的性格、活泼的个性和善良的心肠，这些相反的品质非常罕见的结合，以及智慧和快乐非常幸运的结合，让她成为那些把性格的强大力量隐藏在只有她们懂得个中诀窍的优雅的风度下，依环境的影响，要么是风情万种，要么是女中豪杰的法国女性的典范之一。考验心灵并把隐藏的美德展现出来的正是一次次革命。

她生来古道热肠，更乐意帮助别人而不是接受别人的效劳。然而她有一种难得一见的才能，能把体贴周到的友谊运用得既知道如何给予，也知道如何接受。换句话说，她在感情上已经做到完美。

她悉心关照自己的朋友，但从不让他们因为她的关心而感到厌烦。她总是严于律己宽以待人，对朋友不求全责备。与其他女性刚好相反，她小心翼翼地把聪慧隐藏在轻松优雅的谈话中。她实事求是地看待人，然而任何事情都看光明的一面。那些了解她的人，和我一样都清楚地记得她审时度势的智慧、勇气与迅捷，以及她品评别人时的敏锐、慷慨与宽容。她对自己所爱的对象态度开明。她爱他们，尽管他们有缺点。至于那些缺点，她只是努力不让世人看到。她爱他们，不论他们的成败，因为她虽然羡慕，但不嫉妒。而且即便是羡慕，在别人身上很讨厌，在她身上却可以原谅，因为她从不羡慕别人的优势，只羡慕别人的爱。内心的这种不带任何虚荣，不带任何索求的不安，能让最骄傲的心灵放下它的骄傲：嫉妒让人鄙视，羡慕则应得到同情。

在进入莫斯科前写的这封信，就是给这样一位女性的。假如当时有人告诉我，我会在发表前不得不加上这么一段忧郁的注释，恐怕我就没有心思完成剩下的旅程了。

她如此可爱，如此充满活力，让人哪怕是在为她哭泣的时候也难以相信她的离世。她活在我们大家的记忆中，活在我们大家的欢乐中，活在我们大家的悲痛中。我说的不只是我自己，我是为所有爱过她的人说的，也就是为所有了解她的人，为她的家人，尤其是她的母亲说的——她的母亲和她很像。尽管我们相距甚远，但我肯定，他们会认为表达我感情的这段文字，也表达了他们的心声。

路上又一次耽搁了，而且总是因为同样的事情！——我们的车很有规律，每走二十里格就坏。波美拉尼亚的那位俄国海关官员真是个乌鸦嘴！

有时候，赶车的不顾我的抗议和用俄语反复说的"慢点儿，慢点儿"，把车赶得飞快，我只有闭上眼睛才不至于眩晕。我在他们当中没有看到一个技术不行的，有些身手还非常了得。那不勒斯人和俄国人是世界上一流的车夫；他们中最好的是老人和小孩，尤其让我惊讶的是小孩。起初在看到我的马车和我的性命要交给一个十岁的未成年人时，我对这种轻率的做法提出了抗议，但我的宪兵向我保证这是习惯，而且他本人承担着和我一样大的风险，所以我就信了他。我们的四匹马——它们那急不可耐和桀骜不驯的样子让我一点也不放心——飞奔着动身了。那个经验老到的小孩非但没想要阻止它们，反而赶着它们达到最高速度，而马车则尽最大的可能跟上。整个这段路程都是这种速度；这种速度更适合牲口的性格而不是马车的质量；虽然在最初的一俄里下来，气喘吁吁的马儿开始累了，而车夫也开始变得很不耐烦。每当它们放慢脚步，他就抡起鞭子，直到它们恢复先前的速度。四匹并排套上挽具的烈马很容易就形成竞争关系，不久就把我们带到这段路程的终点。这些马宁死也不肯服输。注意到它们的性格以及赶车人的性格之后，我很快意识到，我非常用心地学会的俄语"慢点儿"，在这次旅程中根本就没有用处；要是我坚持制止这种正常的速度，自己甚至会出现意外。俄国人有平衡的天赋，如果慢步小跑，人和马就无法保持垂直。要是我的马车再结实一点，他们赶路的方式倒是会让我觉得非常有趣，但每次拐弯我都觉得车轮快散架了，不过，车坏的次数多了，我的不安反倒大为缓解。我的意大利男仆会修车，也会干铁匠活，他不在，我本来就已经该停下了。我一直很佩服车夫们坐在自己座位上淡定的样子，可比文明国家车夫装出来的优雅强多了。下坡的时候，他们会站起来赶车，身体稍稍弯曲，两臂向前伸直，紧紧地拽着八根缰绳。这种只有在古代的浅浮雕中才可以见到的姿势，会让人以为他们是古罗马竞技场上战车的御者。我们就那样赶着车，腾云驾雾般冲过飞扬的尘土。英国的弹簧使得车身像大风中的船只一样摇摇晃晃，于是，在人的意志与动物的本能之间似乎建立了一种我无法理解的关系。马车不是靠机械的驱动驾驶的！似乎有一种思想和情感的交流，一种动物魔法，一种真正具有磁性的支配力。车夫随心所欲，把四匹马驾驭得如同它们只是一匹马。有时，他把它们拢在一起，挤在正常情况下差不多是两辆车占据的空间。有时，他又把它们分得很开，让它们占了公路的一半。就文明而论，俄国的一切都不完善，因为一切都是现代的。在这条世界上最好的道路上，仍然动不动就要停下来，要么是又要修车了，要么是桥坏了，我们只好改道，走临时的便桥，而车夫在这样做的时候，丝毫没有减速。运货的小车也让道路变得很堵。十辆那样的车常常由一个人赶着，他不可能让它们全都走得整整齐齐。如果不是俄国的车夫技艺高超，那就很难找到一条通道，穿过这样一座座移动的迷宫。这些运货的小车车身就像大型的酒桶，从中间沿纵向切开，上面没有车篷。每辆车由一匹小马拉着，它的力量不及挽马，但勇气和活力十足，会一直拉到它倒在路上，因此，它的寿命很短，就好像受了诅咒。在俄国，一匹马很少会活到十二岁。

与其他地方相比，没有比在这个国家的公路上看到的各色各样的交通工具、人以及马匹更独特和与众不同了。人们用的、穿的或者拿的所有东西，都有着他们没有意识到的如画美的外观。假如让一个天生就不太雅致的民族去使用俄国人的住宅、服装和用具，这些东西就会全都显得很丑陋，但是在这里，我发现它们虽然让人感到陌生、不同寻常，但引人注目，值得入画。要是让俄国人穿上巴黎工人的衣服，他们也会创造出某种悦目的效果，虽然俄国人绝对想象不出那么没有趣味的服装。这个民族的生活很有趣，即便不是对他们自己来说，至少也是对旁观者来说。他们在一片毫无诗意的荒漠中，别出心裁地克服了气候以及大自然为社会生活设置的种种障碍。这片土地上的民族在政治上的盲目服从，与同一个民族为了反抗不利于生存的气候的暴政而进行的长期、积极的斗争之间的反差——

他们对自然的征服时时刻刻都反衬出他们背负的专制主义重轭——为生动的绘画和严肃的思考提供了源源不断的素材。为了让俄国之旅的收益最大化，就得有孟德斯鸠和奥拉斯·韦尔内[1]那样的人做伴。

在以往的旅行中，我从来没有像现在这样对自己缺乏绘画才能感到遗憾。人们对俄国不像对印度那样了解，因为对它的描绘和带有插图的说明不多，但它与亚洲任何一个国家都一样奇妙，甚至在艺术、诗歌和历史方面也是如此。

所有认真关注政治领域各种纷乱的观念的人，通过实地考察这样一个社会，必定会有所收获。这个社会是按照指导那些在世界历史上有名的最古老的国家的原则治理的，但又受到在最现代、最革命的民族中司空见惯的那些观念的影响。亚洲政府的家长制暴政遭遇了现代的仁慈理论；东西方人的性格天生就不能相容，却在靠恐惧来维持秩序的半野蛮的社会状态下，被强行结合在一起；这些都是只有在俄国才可以看到的奇观，而且可以肯定，对于这样的奇观，没有哪个有思想的人会后悔费心去思考。

目前俄国的社会、才智和政治状况，是被俄国自己称为"恐怖的伊凡"的伊凡四世，被以模仿欧洲为荣的人们

1　奥拉斯·韦尔内（Horace Vernet, 1789—1863），法国画家。

称为"彼得大帝"的彼得一世，以及被一个梦想征服世界的民族奉若神明的叶卡捷琳娜二世这几个君主统治的结果，也可以说，大致反映了他（她）们统治的状况。这就是尼古拉皇帝现在掌握的可怕的遗产——天知道会有什么结果，我们的后代也会知道！

接着我又在不同的地方遇到几个颇为标致的农妇，但我总是感到惋惜，她们服装的样子很难看。俄国人对于如画美的趣味，肯定不应该根据她们的服装来评判。这些女人的着装甚至会损害最完美的美貌。我觉得她们是世上唯一想到要把衣服的腰身做在胸部以上而不是胸部以下的女性。她们的长袍——与其说长袍，不如说是不成形的大口袋——在靠近腋下的地方收紧了。乍一看，她们整个的样子就像一捆什么东西或一只松松垮垮的大包裹。包裹里面，身体的各个部分都混在一起，既没有烦恼，也没有自由。这种服装还有其他很难说出口的不便之处。其中最不方便的，就是俄国农妇只能像霍屯督人那样，让孩子趴在肩上喝奶。这就是损害身体形状的服装样式必然带来的缺陷。切尔克西亚的女性对于女人的美以及保持这种美的方法有更好的理解，她们从童年起就用一根带子束在腰间，而且再也不解开。

我在托尔诺克注意到女人的装束各式各样，这一点也许值得一说。那个城里的女性穿着用天鹅绒、丝绸或黑布做的短披风，一种我在别处没有见过的披肩。和任何其他种类的披风都不一样，它前面完全合拢，后面两肩之间是开口的。它与其说好看或方便，不如说奇特；但是，要想让外邦人觉得有趣，奇特就足够了，因为我们在旅行中寻找的，是能证明自己身在异乡的东西，尽管这一点恰恰是俄国人不会理解的。模仿的才能对于他们来说是天生的，如果有人告诉他们，他们的国家和其他无论哪个国家都不一样，那他们会感到非常震惊。独创性对于我们来说是优点，对于他们来说是野蛮状态的残余。他们以为我们既然不辞劳苦大老远过来看他们，应该觉得自己很幸运，能在离家上千里格的地方看到我们因为喜欢变化而丢弃的拙劣的模仿品。

跷跷板是俄国农民喜欢的娱乐方式。这种活动发展了他们生来就有的控制身体平衡的能力。此外，它还是一种没有声音的令人高兴的事情，而对于一个因为恐惧而变得谨小慎微的民族来说，安安静静的娱乐方式最合适。

俄国村民所有的节日都没有声音。他们喝得多，说得少，喧闹就更少了。他们要么保持沉默，要么用带点鼻音的嗓音合唱，曲调忧郁悠长，声音整齐谐和。不过，我很意外地注意到，那些调子几乎都有点复杂。

礼拜天，在经过一些人口稠密的村庄时，我注意到有四到八个小姑娘排成排，通过她们身体的几乎觉察不到的移动，在用绳子吊着的木板上保持平衡，而在女孩对面一点点远的地方，同等数量的男孩也以同样的方式保持平衡。他们无声的游戏持续了很长时间，我根本没有耐心等到它的结束。这种轻柔的平衡游戏只是一种插曲，是在他们活泼的、真正的秋千或跷跷板游戏间隙用来放松的。这是一种充满活力的游戏，就连看的人也跃跃欲试。一块离地大概有两英尺的木板，用四根绳子悬在高高的横梁上，木板两端各有一人。这块木板以及支撑它的四根柱子的放置方式，可以保证要么是前后，要么是从一侧到另一侧来表演平衡。两个表演者，有时是同性，有时是异性，总是保持站立姿势，两条腿稳稳地站在木板两端。他们抓着木板两头的绳子保持平衡。他们以这种姿势荡向空中，高度非常惊人，因为每荡一次，秋千的架子都好像快要翻过来，随后，秋千上的人又要从三四十英尺的高空冲向地面，因为我看到，柱子至少有二十英尺高。俄国人的身体柔韧性非常好，可以轻而易举地保持让我们惊讶的平衡。他们在这种活动中的动作非常优美、大胆和灵活。

我在几个村庄有意识地停下来，观察用那样的方式一起玩耍的姑娘和小伙，而且我终于看到有些女孩的脸极为美丽。他们面色白嫩，肤色可以说令人着迷，皮肤透明、细腻而光滑。他们的牙齿洁白，而且——真是罕见的美！——他们的嘴型和古代人的一模一样。他们的眼睛通常是蓝色的，但眼神像东方人，还带有斯拉夫人那种天生的不安和诡秘的样子——斯拉夫人一般都能斜着眼看，甚至不用转头就可以向后看。他们的整个外表非常有魅力，但不管是因为造化的无常，还是服装的影响，与男人相比，不太能经常看到这些美丽的成分集中体现在女人身上。我们碰到的真正漂亮的农妇可能一百个当中才有一个，而大多数男人的头型都非常好看，相貌堂堂。上了年纪的男人两颊绯红，须发皆白，对于这一点，与其说时间夺走了青春，不如说时间增添了尊严。他们的头部要是在画中，会比我在鲁本斯以及提香的画中看过的任何头像都美，但我从来没有见过哪个上了年纪的女人的面孔值得一画。

有时我看到端端正正的希腊人的侧面像，五官极为清秀，清秀得不会因为轮廓的端正而使脸上的表情有什么损失。在这样的情况下，我的内心就会涌起无限的赞美。不过，无论男女长相都比较普通的是卡尔梅克人，都是高颧骨、塌鼻梁。

我趁农民收工休息的时候进过几座俄国的农舍。这些小屋几乎不通风，也没有床，男男女女胡乱躺在房间四周围成卧榻的木凳上，但这些带有乡村特色的宿营地总是脏得让我望而却步。我赶紧撤退，但总是不够快，结果，作为对我轻率的好奇心的惩罚，我的衣服难免会沾上一些留作纪念的活物。

为了应对夏季短暂但很炎热的天气，一些农舍四周的走廊下面围了一圈当作床用的卧榻，但有时候一家人甚至就睡在光溜溜的地上。到处都让人联想到东方。在我晚上进去过的所有驿站里，总是发现门前的街上排了很多捆黑色的羊皮。这些毛茸茸的东西起初我以为是大口袋，实际上却是人，睡在明亮的天幕下。今年天气炎热的程度是俄国人记忆中前所未有的。

裁剪成短大衣样式的羊皮，不仅可以当衣服穿，对于俄国的农民来说，同样也可以当床、地毯和帐篷。在炎热的白天，做工的人在地里午休的时候，他们就用这些披风搭成一个美如画的可以遮阳的帐篷。俄国的劳动者与西欧的不同，他们别出心裁，把大衣的两只袖子套在独轮车的两个把手上，然后把这个活动的屋顶转向太阳，从而可以安然地睡卧在那土里土气的帷幕下。羊皮大衣的式样不错，如果不是总那么破旧和油腻，还是很漂亮的。贫穷的农民不可能经常添置衣服，那要花不少钱。

俄国的劳动者很勤劳，并且准备好了应对可能遇到的所有困难。他们出门总是带着短柄小斧。在一个至今还不缺木材的国家，那种小斧子在灵巧的人的手里能有上百种用途。假如你身边有个俄国人，即便你在森林里迷了路，用不了几个小时，你就可以拥有一座可以在里面过夜的房子，或许比古老的村子里的房子还要宽敞，而且可以肯定的是，更干净。可如果旅行者在自己的行李中有些小的皮革制品，那它们无论放在哪里都不安全。俄国人用他们处处表现出来的技巧把大旅行箱和马车上的皮带、马肚带和皮围裙偷走，尽管同样是这些人，又表现得极为虔诚。

我的车夫每走一段路就要画至少二十次十字，来向同样多的小教堂行礼。对于他遇到的车夫——他们的数量可不少——他也乐意同样一丝不苟地尽到自己的礼数，脱帽向他们致敬。这些形式做完了，我们那段路的终点也到了，这时总会发现，或者是在套马的时候，或者是在卸马的时候，那个灵巧、虔诚、礼貌的不老实的家伙已经顺走了某些东西，也许是皮的小口袋、带子或者包装纸，也许只是钉子、螺丝或者灯里面的蜡烛，总之，他决不会完全空着手离开。

这些人非常贪财，但是，如果钱给少了，他们也不敢抱怨，最后几天为我们赶车的那些人就常常这样，因为我的宪兵克扣了一部分左马驭者的报酬，那是我在彼得堡事先连同整个路上租马的费用一起给他的。注意到这种伎俩之后，我就从自己的口袋里拿出钱来补偿可怜的左马驭者，他就是以那样的方式被扣掉了一部分报酬，而那些报酬是他按照旅行者的惯例，理应从我这里得到的。可那个不老实的宪兵看到我很慷慨（他对于我公正的做法就是这么说的），竟然厚着脸皮对我公开抱怨，说我如果继续阻挠他行使自己正当的权力，那他一路上就再也不能为我做事了。

但是，在大人物觉得诚实这种最简单的规则适用于普通百姓而不适用于他们那种人的国家，普通人的想法欠妥又有什么奇怪的呢？不要以为我夸大其词，我说的是我看到的。在俄国大多数有势力的家族中，盛行的是一种堕落的、与真正的荣誉感相悖的贵族式的骄傲。最近，有位贵妇无意中对我坦率地承认了。她的话让我十分惊讶，因为在这里，这样的看法在男人中很常见，在女人中却不太常见。和她们的丈夫以及兄弟相比，这里的女人总的来说保存了更多传统的公正而高贵的看法。"你们社会的那种状况我们搞不懂，"她说，"他们告诉我说如今在法国，最高等的贵族都可能因为两百法郎的债务而被关进监狱。这是造反，和我们的国家太不一样了！全俄罗斯没有哪个商人敢不给我们没有期限的贷款。""鉴于您的贵族思想，"她又说，"您肯定会觉得跟我们在一起更加自在。旧制度下的法国和我们之间，要比和欧洲其他任何国家都相似。"

我好容易才克制住自己，没有猛地大声反驳这位夫人吹嘘的相似性。虽然我必须保持谨慎，但我还是忍不住说，现在，在我们当中，哪怕是被认为十足的贵族的人，在彼得堡也会被认为是狂暴的自由派。最后我还说："您说在您的家族中，人们认为没有必要偿还债务，我觉得不能把您的话当真。"

"您错了。我们很多人都拥有巨额财产，但是，假如他们准备偿还所有的欠债，那他们就破产了。"

为了向我证明上流社会受法兰西民族特色和精神影响的程度，这位夫人还给我举了在她一个亲戚家玩的游戏中用诗歌即兴作答的例子。"您看，我们是多么彻底的法国人。"她接着说道，那种骄傲的样子唤醒了我内在的幽默感。"是的，比我们自己还要像法国人。"我回答说，随后我们改变了话题。可以想象，当这位既是俄国人又是法国人的夫人进入某某夫人在巴黎的沙龙，并询问我们真实的法兰西——路易十四时代的法兰西怎么样了的时候，会是如何地惊讶。

在叶卡捷琳娜女皇的统治下，宫中以及某些贵族的交谈就像是巴黎沙龙中的交谈。如今我们的谈话更严肃，至少要比其他任何一个欧洲民族的交谈更大胆；而且在这方面，我们现代的法国人远不像俄国人，因为我们什么都谈，而俄国人什么都不谈。

叶卡捷琳娜的统治让几位俄国女士记忆深刻。这些渴望得到女政治家头衔的美女具备政治才能，而且她们中的有些人不但拥有那种才能，还拥有完全属于十八世纪的风度，结果，她们成了一群巡回女皇。她们的放荡在欧洲传得沸沸扬扬，但是在这种不适合女性的行为下面，却隐藏着一颗居高临下、观察敏锐的心。凭借这些北方的阿斯帕齐娅[1]所特有的玩弄阴谋的勇气，欧洲几乎没有哪个国家的首都没有两三个俄国大使，一个是公开的、官方委派的、得到认可并且衣服上带有职务的所有标志，其他的则是秘密的、不用负责的，而且戴着女帽穿着裙子，扮演双重角色，既是独立大使，又是监视官方使节的暗探。

女人自古以来就被成功地用于政治谈判。我们现代的许多革命者都借助女人的力量，更巧妙、秘密、安全地策动阴谋。在西班牙，这些不幸的女人成了英雄。她们勇敢地接受了由于自己温柔的奉献所必然招致的惩罚，因为在西班牙女人的勇气中，爱总是占据很大的成分。

在俄国的妇女中，爱不过是装饰。俄国拥有一支完全是有组织的女性外交使团，而欧洲对于如此独特的施加影响的方式或许并没有充分注意。有了一大批隐秘的双栖间

1　阿斯帕齐娅，古希腊雅典的高级妓女。

谍，有了说着女性的语言却拥有男性敏锐的头脑的政坛亚马逊人，俄国宫廷搜集情报，获得报告，甚至接受建议——这些如果知道得多了，很多神秘的事情，很多矛盾的事情，以及很多鸡毛蒜皮的事情，都会因此而真相大白。

俄国的女人大多关心政治，这虽然可以让她们的交谈变得有趣，却令人厌烦。最出色的女人尤其如此。如果交谈没有转向重大话题，她们自然最为心不在焉。她们想的和她们说的差异很大，由此造成的后果是缺乏一致性，缺乏自然的态度，总之就是心口不一，那在社会生活的日常交往中是令人不快的。谈论政治就其本质而言是很糟糕的消遣方式，这种交谈沉闷乏味，需要靠责任感的支撑才能够忍受，有时在政治家谈论政治的时候，需要靠思想的火花给交谈添加活力，但是由外行去谈论政治，对交谈来说，无异于一场灾难。

有人对我说俄国的农民几乎没有道德感，而我每天的经历都让我相信这种说法是正确的。

有个贵族跟我讲过，他手下有个人，会做某种手艺，于是，为了发挥他的才能，就让他留在彼得堡。两年期满之后，他得到了几周假期，回老家的村子看望妻子。他在规定的那天返回了彼得堡。

"看了你的家人你感觉满意吗？"主人问道。"非常满意，"那个匠人回答得十分简单，"我的妻子在我不在的时候又给我生了两个孩子，看到他们让我非常高兴。"

这些可怜的人没有任何属于他们自己的东西，他们的小屋、他们的妻子、他们的孩子不属于他们自己，就连他们的心灵也不属于他们自己。因此，他们根本就不会嫉妒。他们能嫉妒什么呢？嫉妒偶然的东西吗？在他们中间，爱最多只能算是偶然的东西。然而，这就是俄国最幸福的人即农奴的生存方式！我经常听到大人物表示羡慕他们的命运，而且可能很有道理。

他们说他们没有要操心的事情，我们承担了他们以及他们家庭的所有责任（天知道在农民老了、没有用了的时候，这种责任是怎样免除的）。他们不用担心自己以及自己孩子的生计，因此，和你们当中自由的农民比起来，他们一点也不可怜。

对于这种歌颂奴役的话我没有吭声，但我想，如果说他们没有要操心的事情，那他们也没有家庭，所以也就没有爱，没有快乐，没有道德感，遭遇不测也没有任何补偿。他们一无所有，尽管说正是个人的财产造就了具有社会性的人，因为只有它才让家庭的区分有了合法性。

道德真理是唯一值得我们献身的原则，人心的所有努力，不管其行动的领域会是什么，都倾向于领会这种原则。

如果说在我的旅程中，我尽量去如实地描绘世界，我的目的是要让他人以及我自己，为世界不是它应该所是的样子感到惋惜，是要唤醒人心中的不朽意识，每当看到尘世间的不义和弊端，就想到"我的国不属这世界。"

我从未像来到俄国之后有那么多的机会来用到这些话，它们无时无刻不出现在我的脑海中。在专制统治下，所有的法律都是用来帮助压迫的，也就是说，被压迫者越是有理由抗议，他的胆量或合法的权利就越少。在天主面前，和农奴的恶行相比，自由民的恶行无疑罪过更大。天主什么都明白，当然会考虑到那些因为邪恶总是得胜而堕落的人们在良心上的麻木。

有人会说，恶就是恶，不管是在哪里犯下的；在莫斯科行窃的人和在巴黎行窃的人一样都是贼。我要否认的恰恰是这一点。每一个个体的道德水准在很大程度上取决于一个民族所接受的整体教育水准。天主在政府与臣民之间确立的关于优缺点的可怕而神秘的相关性，以及国家如同单个的个体一般受到审判、被证明有罪并遭到毁灭的历史时刻的到来，根源就在这里。

奴隶的美德、缺点和罪过，其意义不同于自由人的美德、缺点和罪过，因此，当我仔细思考俄国人的性格时，我可以断言，他们一般来说缺少精神、体谅以及高尚的情操，他们用忍耐和欺骗来弥补这些品质的不足，可这样的事实并不意味着负有和我们一样的责任。

常有人对我说："俄国人很温和。"对此，我回答说："我不会因此而表扬他们，因为这是他们习惯了顺从。"还有人说："俄国人显得很温和，只是因为他们不敢表现出内心的东西；他们从根本上来说既迷信又凶残。"对此，我的回答是："可怜的人们！他们得到的教育太差了！"

从我在这个世界上，尤其是在这个国家看到的一切，我得到的结论是，幸福并不是人来到世间的真正的目标。人真正的目标其实带有纯粹宗教的性质，那就是道德的完善，是斗争和胜利。

但是，自从世俗权威篡夺了权力以来，俄国的基督教就丧失了操守；它是停滞的，或者最多只是专制统治的工具。在这个国家，没有任何事情是得到明确界定的，所以很难搞清楚教会与国家元首实际的关系如何。国家元首自命为信仰的仲裁者，虽然他实际上并没有宣布拥有这样的特权。他在事实上行使着这样的权力，但又不敢要求这样的权利，所以他保留了宗教会议，那是暴政向万王之王及其被毁灭的教会表示最后的敬意。下面这段是莱韦克[1]的

1　莱韦克（Pierre Charles l'Évesqu，1736—1812），法国历史学家。

书中对这种宗教革命的描述，在等候铁匠修理我的折篷轻便马车又一次出现的故障时，我刚刚在读他的俄国史。

"1721 年。自从阿德里安[1]死后，彼得一直拖延选举新的牧首。经过二十年的拖延，人们对教会首脑的崇敬之心不知不觉就减弱了。最终，皇帝相信自己可以赌一把，宣布永远废除这一职位。他把从前专门赋予牧首本人的教会权力分割开来，并把所有宗教事务交给一个叫作'神圣宗教会议'的新的仲裁机构裁决。

"他没有宣布自己是教会首脑，可是凭借新教士团成员立下的誓言，他成了事实上的教会首脑。誓言的大意是：'我发誓成为我天然的、真正的君主的忠顺的仆人和臣民……我认可他是这个神圣的团体的最高审判者。'宗教会议包括一名主席、两名副主席和四名助手。教会的这些可以被解除职务的审判者所拥有的权力，加起来也远远不如从前牧首一个人享有的权力。他们不出席会议，他们的名字不出现在君主国的法案中，他们即便是在交给自己的事务上，所拥有的权威也要低于君主的权威。由于没有任何外在的标志可以把他们与其他高级教士区分开来，由于他们的权威不超出这个仲裁机构，以及最后，由于该仲裁

---

1 莫斯科最后一位牧首。

机构本身也不是非常有权威，人民对他们并不特别尊敬。"

俄国人乃是当今各基督教民族中最有信仰的，而他们的信仰之所以收效不大，主要原因显而易见。教会一旦放弃了自由，它就丧失了自己的道德本质，因为奴隶只能产生出奴隶制。唯一真正独立的教会是天主教会，只有它保持着对真正的仁爱的信任，这一点不管怎么重复都不为过。其他所有的教会都成了国家的组成部分，国家把它们当作政治工具，用来维护自身的权力。这些教会是政府绝佳的辅助机构。它们讨好作为世俗权力保管人的君主和官员，却对臣民冷酷无情。它们呼唤天主是为了帮助警察。眼前的效果是没有疑问的，那就是良好的社会秩序，但在政治上同样强大的天主教会，却仰之弥高，触之弥远。国家教会造就了公民，普世教会造就了人。在思想狭隘的人中，对于教会的尊重和对于国家的爱混淆在一起；在天主教徒中，教会与焕然一新的人道是一回事。在俄国，对于权威的尊重依然是社会机器唯一的发条。这种尊重当然是必要的，但是，为了让人心彻底开化，有必要教会它不要只是盲目服从。

当尼古拉皇帝的儿子——我说儿子，是因为这项高尚的任务不属于父亲，尽管他在艰难的统治期间，不得不强化作为莫斯科大公国统治方式的老式军纪——当皇帝的儿子让这个国家的所有阶级都明白，发号施令者对服从命令者欠缺尊重的时候，俄国就会迎来道德革命，而福音则会成为革命的工具。

我在这个国家待的时间越长，就越是感到对弱者的鄙视是会传染的。这种态度在这里非常正常，就连那些反对的人到头来也会染上这个毛病。我自己就是证明。

在俄国，疾驰的欲望变成了激情，而这种激情又成了各种各样不人道行为的借口。我的向导把它传染给我，使我常常不自觉地成为其不义行为的帮凶。每当车夫离开座位去调整马具，或者当他以其他任何理由停在路上的时候，他都会极为愤怒。

昨天晚上，在一段路程刚开始的时候，宪兵就几次因为类似的错误作势要打为我们赶车的孩子，而且我也和这人一样，表现出很不耐烦的生气的样子。突然，一个生下来还没多少天、和那个少年很熟悉的小马驹，从路边的围栏跑出来，开始跟在我的马车后面，一边嘶鸣一边飞奔，因为它把给我们拉车的一匹母马当成了它的妈妈。已经犯了错和耽误了时间的小车夫又一次想要停下来，好帮助小马驹，因为他发现它随时有被车轮轧到的危险。我的向导十分生气，不让他离开座位，结果那孩子就像一个听话的俄国人一样，乖乖地继续把车赶得飞快，没有一句不满的话。我赞成宪兵的严厉，心想："对于权威，哪怕它有错，也必须维护它的地位，这是俄国政府的精神实质。我的宪兵不算过分，要是我打消他的积极性，那他就会对一切听之任之，他对我就会毫无用处；再说，这是他们国家的习惯，我为什么要比别人慢些呢？这件事关系到我作为旅行家的尊严；如果有时间可以浪费，那我在这个国家就会显得无足轻重。在这里，要想显得很重要，就必须表现得不耐烦。"就在我那样找理由的时候，夜幕已经降临。我责备自己比俄国人心肠还硬（因为我不能像他们那样把早年生活的习惯作为借口），就那样听任可怜的小马驹和难受的孩子一同哀伤。一个是在用尽全力嘶鸣，另一个是在无声地哭泣，这种差异使得畜生实际上胜过了人类。我本该利用我的权威阻止这种双重的惩罚，却没有，反倒推波助澜，帮着制造了这样的苦难。苦难是漫长的，因为这段路有六里格。少年不得不折磨着那头他希望挽救的牲口，要不是因为我待在这个国家已经让我的心肠变硬，他那痛苦而顺从的样子就会打动我。每当有农民出现在路上，小孩的心头就再次燃起希望，要拯救心爱的小马驹。他老远就开始打手势；他在离路人还有百十步时又开始大喊，但因为不敢让无情地飞奔的马匹放慢速度，他根本没有办法让对方及时明白他的意图。如果说有农民比其他人眼尖，想把小马驹撵走，马车的速度也会让他犹豫，而且小马驹是挨着我们一匹马的侧面向前跑的。在村子里的情况也一样，所以到最后，我们的小车夫绝望得不再开口了。那个执拗的小东西，据我们的车夫说只有八天大，竟然有飞奔六里格所必需的勇气和力量！

这段路完了之后，我们的奴隶——我说的是那个男孩——看到自己终于摆脱了残酷的纪律，便把全村人都叫来挽救小马驹的性命。这个勇敢的小东西，跑了这样一段路之后已经很累了，没有成形就受到伤害的腿也僵硬了，可它力气很大，要想捉住它仍然很难。为了捉住它，他们只好把它跟在被它误以为是自己妈妈的母马后面赶进马厩。他们给它套上笼头，把它和另外一匹可以给它奶喝的母马关在一起，但它已经没有力气喝奶了。有人说它很快就会恢复，其他人说它不行了，活不成了。我开始能听懂一点俄语，所以听到村里一个长者下的这一判决。我们的小车夫深深地陷入对那个小东西的同情中。因为预料到饲养小马驹的人肯定会受到惩罚，他显得非常惶恐，就好像他自己会受到他同伴将会受到的殴打一样。我从未见过比那孩子脸上还要绝望的表情，但他没有表现出一点责怪我残忍的向导的样子。这么大一个在自我之上的帝国，在这样一个时代还如此克制感情，让我觉得既恐惧又可怜。

在此期间，向导对小马驹丝毫没有感到不安，对悲伤的少年也毫不在意；他板着脸，继续张罗着更换驿马。

这是俄国最好也最繁忙的道路。路边可以更换驿马的村子住着特意定居在那里的农民，负责照看驿路的运输。有马车到了，管事的就挨家挨户通知，寻找马匹和闲着的车夫。有时距离太远，会耽误旅行者很多时间。我宁可换马时快一点，而赶路时慢一点。在离开那匹不行了的小马驹和孤苦伶仃的小左马驭者时，我一点没有感到内疚；只是在回想的时候，尤其是在把事情的经过写成文字的时候，这种感觉才开始出现，然后就开始感到羞愧和后悔。呼吸着专制空气的人就这样轻易堕落了。我说什么呢？在俄国，专制只是在御座上，但暴政却遍及整个国家。

考虑到教育和环境的影响，必须承认，一个最习惯于顺从并行使专横权力的俄国地主，在自己的地盘上都不会做出比我昨天晚上因为保持沉默而犯下的错误更应受到责备的残忍的事情。

我，作为法国人，自以为生来就富有同情心，在古老的文明下接受过教育，并作为非常严格的观察家在一个民族中旅行，观察他们的风俗习惯，——瞧！就连我在第一次有机会去做一件毫无必要的残忍的小事时，也没有经受住诱惑。巴黎人的行为竟然像鞑靼人一样！这里的气氛充满了罪恶。

在法国，人们尊重生命，哪怕是畜生的生命。如果我的左马驭者当时没想到挽救小马驹的生命，我也应该命令他停下来。我应该亲自去向农民求助，而且在没有看到那头牲口得救之前，不该继续我的行程。在这里，我用毫无怜悯心的沉默帮着毁掉了它的生命。当人们不得不承认他们的美德更多地取决于环境而非自我的时候，谁还会为自己的美德骄傲？

发怒时没有把自己的哪个农民打死的俄国大地主是值得称赞的；因为在这样的情况下，他是仁慈的；而我，一个法国人，竟然仅仅因为吃了在路上飞奔的小马驹的苦头就变得残忍起来！

我整晚都在思考相对的美德和罪恶这个大问题，而我最终认为，政治伦理的一个非常重要的分支，即探究每个人在他自己的行动中，应该在多大程度上把功劳或责任归于自己，又应该在多大程度上归于他出生于其中的社会，这一点至今没有得到充分阐释。如果社会因为它的一些成员所做的了不起的事情而受到歌颂，那它也应该认为，对于其他成员犯下的罪行，它脱不了干系。在这方面，古代社会比现代社会更超前。犹太人替罪羊的故事告诉我们，人们对于罪责恐惧到什么程度。对他们来说，死刑并不仅仅是对有罪之人的惩罚，它还是对公众的补偿，表明社会与罪行以及激发罪行的动机绝无关联。这种看法有助于让我们明白，社会状态下的人如何能够僭取合法地剥夺其同类生命的权利——以眼还眼，以牙还牙，以命抵命，总之，以报复为目的的法律是明智的。社会要想存续，就必须剔除罪犯。当耶稣基督用爱的法律代替摩西严酷的正义时，他十分清楚，那会缩短地上的国存续的时间，但他为人打开了天国……如果没有永生和不朽，基督教让人付出的代价就会超过它给人的补偿。这就是我整晚在半梦半醒中思考的东西。

一连串模糊的念头和亦真亦幻的景象在我的脑海中缓缓地流过：载着我向前疾驰的马儿似乎比我沉重的思绪跑得还快；肉体仿佛生了双翅，思想却变得像铅一样。可以说，我把它抛在了身后，因为我在地上比想象力在空中跑得还快。草原，沼泽，连同沼泽中挺拔的松树和矮小的桦树，村庄，城镇，在我还没有弄明白自己是怎么被带到这不停移动的景色面前的时候，就如同幻影一般在我眼前掠过。在这样的景色面前，灵魂跟不上肉体的步伐，感觉以如此奇特的方式加快了！……这种对自然的颠覆，这些由物质原因引起的精神上的幻象，这种对心理机制造成影响的眼睛的错觉，这种生命的移位，这些不由自主的梦境，因为车夫们单调的歌声而变得更加漫长。那些忧伤的曲调，就像我们教堂中的某些圣歌，或者更准确地说，就像德意志犹太会堂中犹太老人带有鼻音的声调。他们说这些农民很有音乐的天赋，这一点我们很快就会看到。我还没有听过任何值得用心去听的东西。晚上，车夫与他的马儿吟唱般亲密的交谈非常忧伤。这种没有节奏的私语，这种人用来向畜生、向他唯一不会受其鄙视的朋友倾诉心事的演说式的遐想，让我心中充满了与其说令人愉快的，不如说沉甸甸的忧郁。

在一处地方，道路突然斜着向下，上了一座用小船搭成的浮桥。因为干旱，河水枯竭，浮桥比路面低了很多。这条河就是伏尔加河，非常有名，尽管夏季的高温已使水位下降，但河面仍然很宽。在这条著名的河流边上，出现了一座被月光蒙上金辉的城市，它那长长的白色的城墙在夜色中泛着亮光，那不过是容易让人产生幻觉的微光。道路蜿蜒，绕过这座新粉刷的城市，我在那里发现了太多用灰泥建造的罗马风格的山花和柱廊。俄国人非常喜欢罗马风格的山花和柱廊，因为他们以为这可以证明他们懂得艺术。我巡游的这座城市似乎很大。它叫作特维尔，这个名字让我想起了在鞑靼人入侵之前，充斥了俄国历史的没完没了的内讧。我能听到兄弟间的辱骂声，听到回荡着的厮杀声。我看到了屠杀，看到了流淌着鲜血的伏尔加河，看到了卡尔梅克人从亚洲的蛮荒之地呼啸而来，饮着伏尔加河的血水，然后制造更多的杀戮。可我和这群嗜血之人有何相干？我不过是要有一段新的旅程，好仔仔细细地讲给我的朋友，好像在描写了西班牙那样一个国度之后，描写一个自然无所作为而人工仅仅制造了一些草图或仿制品的国度也很有趣。在西班牙，一个最有原创性、最活跃、本质上最独立，甚至哪怕不是在理论上也是在实际上最自由的民族，（作者附释：在马德里方圆二十里格的范围内，绝对君主制时代的卡斯蒂利亚牧羊人不知道别的，就知道在西班牙有个自由的政府。）在暗中对抗那个所有政府中最阴暗的政府；在西班牙，他们在割喉和洗劫教堂的间隙，一边跳舞一边祈祷。我的朋友们必须忘掉的正是这样一幅画面，为的是我可以给他们描绘一个广袤的平原，以及一个竭力掩盖自身所有具有原创性的东西的社会……这是一项艰巨的任务。

即便是莫斯科也补偿不了我为了看到它而付出的心力。我要不要放弃去莫斯科的想法呢？要不要吩咐车夫调转车头赶紧回巴黎呢？黎明的时候，我就这样胡思乱想。我的轻便马车的折篷没有撑开，而我在长时间的打盹中也没有感到北方露水的危害。我的衣服湿透了，头发似乎在滴着汗珠，马车上的皮革也全都湿漉漉的。眼睛有点痛，看东西模模糊糊。我想起了某某公爵，他在波兰一个同样纬度的潮湿的草原上露营之后，不到二十四小时眼睛就失明了。（作者附释：类似的命运差一点落到我头上。从写这封信开始，我就感到眼睛不适，而这种不适到我在莫斯科逗留期间以及之后很久，变得越发严重。总之，到我从下诺夫哥罗德集市返回的时候，它发展成了眼炎，到现在还有影响。）

我的仆人刚才进来说马车修好了，所以我要再次上路。除非遇到新的意外把我耽误了，让我只能坐着大车或者徒步进入莫斯科，否则我就会在俄国人的圣城来写下一章——他们让我有望在几小时之后就到达那里。

不过，我首先必须把我写的东西藏好，因为每一章的内容，即使是那些在以书信的形式收到它们的友人看来最温和的章节，都足以把我送去西伯利亚。写的时候，我小心地把自己关在房间里，要是我的宪兵或者哪个车夫敲门，开门前我会把写的东西收起来，并假装正在看书。我准备把这张纸塞进我帽子的帽顶与衬里之间。希望这些措施是多余的，但我认为这样做是必要的。无论如何，它们足以让人对俄国政府有所了解。

第二十四封信

莫斯科，8月7日

第一次见到莫斯科·希腊教会的象征性建筑·彼得罗夫斯基城堡·进入莫斯科·克里姆林宫的外观·圣瓦西里教堂·莫斯科的法国人·与在俄国的法国人有关的秘闻·莫斯科战役·克里姆林宫是座城·沙皇一词的来源·英国人在俄国开的旅馆·月色中的莫斯科城·莫斯科的居民·良心适用的对象·克里姆林宫墙根下的花园·对这座要塞的描写·伊凡三世·拿破仑与克里姆林宫·浮夸的现代语言

　　读者难道一点都不记得吗，在从陆路接近比斯开湾或英吉利海峡某个港口城市的时候，看到丘陵后面出现一支船队的桅杆，桅杆的高度刚好可以遮住城市、码头、海滨以及远处的大海本身？在那道天然的防御墙上方，什么也看不到，只有如林的樯桅，上面挂着白得耀眼的风帆、帆桁、彩旗和飘带。一支船队，似乎在陆上，这就是我有时在荷兰看到并感到吃惊的奇异景象。在英格兰也曾见过，那是在深入该国位于格雷夫森德与泰晤士河口之间的内地之后。第一次见到莫斯科给我留下的印象几乎一模一样：在尘土飞扬的道路上方，在波浪形的大地上方，以及在这些地区夏季的太阳下，在几乎总是笼罩着远方的迷蒙的雾气上方，只有无数闪亮的塔尖。

这片人烟稀少而且只得到部分开垦的、带有起伏的平原，就像是丘陵，散布着少数低矮的冷杉。正是在这片荒野上，我看到仿佛一下子冒出无数的尖塔、装饰着闪亮的星星的钟楼、空中的角楼、奇形怪状的塔楼、宫殿和古老的修道院，而这些建筑物的主体全都被遮住了。

斯拉夫人的首都闪闪发光，出现在东方基督教冰冷的荒野中，这最初的印象着实让人难忘。

眼前展开的风景荒凉、阴郁，但如海洋一般浩瀚；为了给这片沉闷乏味的空白增添生气，一座富有诗意的城市出现了，它的建造既没有命名，也没有已知的模式。

要理解这幅画面的独特之处，就必须让读者联想到所有希腊教堂通常的规划。这些神圣建筑的顶部总有几座塔楼，其形状和高度各有不同，但数量至少是五个——五是一个神圣的数字——而且常常比五多出许多。中间的尖塔最高，另外四个分布在这座主塔四周。它们的形状多种多样：有些塔顶就像戴在头上的尖帽子；有些教堂高大的塔楼，外面涂了油漆并且贴了金箔，分别类似于主教的法冠、镶有宝石的教皇的三重冕、中式的楼阁、清真寺的宣礼塔和教士的帽子。它们常常只是一个圆顶，呈碗状，顶部逐渐变尖。所有这些多少都有点奇形怪状的东西,顶上有巨大的、镂空的铜十字架。十字架是镀金的,其设计之复杂,看起来就像细工黄金饰品。这些尖塔的数量和排列总有宗教上的象征意义:它们意味着在教会等级体系中的地位。它们表示由神父、辅祭及副辅祭簇拥着的牧首,在天地间昂起他光芒四射的头颅。这种多少都装饰得富丽堂皇的穹顶的一大特点是花样繁多,但是对于原始的意图,也就是神学的观念,总是一丝不苟地遵奉的。

金光闪闪的金属链子,把小点的尖塔上的十字架与主塔连了起来。这种金属网覆盖了整座城市,制造出哪怕是在画中也不可能表达出的效果。由一座座尖塔组成的、外形与人毫无相似之处的神圣军团,代表着一群奇形怪状的人物,聚集在大小教堂的顶端,就像一群幽灵徘徊在城市上空。

俄国教堂神秘的穹顶,样子十分精巧。它们令外邦人联想到用大马士革钢制作的铠甲;看到那么多带有鳞片状的覆盖物、涂有釉面、用亮晶晶的饰物装扮的有条纹和方格图案的屋顶,在太阳下闪闪发光、五彩纷呈,让人非常惊讶和愉快。这片海绿色的荒漠,可以说被这种用无数红宝石编成的神奇的网络照得通亮。摇曳的光线在光天化日之下,在这座空中的城市制造出一连串梦幻般的景象，就像玉石作坊里灯盏反射的光辉。这些不断变幻的色彩让莫斯科看起来完全不同于欧洲其他的大城市。如果从这样一座城市的中央来看，天空就像在从前油画中看到的，是一轮金色的光环。施尼茨勒说韦伯 1730 年在莫斯科数过，教堂有一千五百座。考克斯 1778 年把该数字定在四百八十四。至于我自己，我满足于努力描绘事物的外表。我欣赏但不会数数，所以，我必须请热爱编目的人去查阅满是数字的书籍。

我希望我说的，已经足以把我头一次见到莫斯科时心里升起的一部分惊异之情告诉读者。更令人惊异的是，他必须记住，不管他时常会读到什么，这座城市本身就是一个国家，而城市范围内的田野、湖泊和森林，使得点缀它的各大建筑之间都有相当的距离。东西分布得很散，大大增加了这种效果。整个平原覆盖着一层银色的薄雾。三四百座教堂就那样在眼前铺成一个巨大的半圆；假如在一个暴风雨的夜晚，在临近日落的时候走近这座城市，你很容易以为自己看到了火一样的彩虹，高悬在莫斯科众多教堂的上方——这就是圣城的光环。但是，在距离大门约四分之三里格的地方，幻觉消失了。在这里，非常真实而沉重的、用砖头建造的彼得罗夫斯基宫吸引了人们的注意。那是叶卡捷琳娜依照一种非常古怪的现代样式建造的，红色的墙面映衬着它上面矗立的很多白色的装饰。这些装饰——我想它们是用石膏做的——带有铺张的哥特式风格。建筑就像骰子一样方方正正，这丝毫不能让它的总体效果显得更加宏伟。正是在这里，君主会停下来，准备庄严地进入莫斯科。夏季剧院、舞厅和花园已经建成了，为的是组成某种公共咖啡馆；我回去时要看看它，因为那是城里悠闲的人们夏天聚集的地方。

过了彼得罗夫斯基宫，魔幻的气氛渐渐消散，所以等到进入莫斯科的时候，我们感觉就像从美梦中醒来，回到非常沉闷、乏味的现实——一座巨大的城市，没有任何真正的艺术杰作，也就是说，没有一样东西在经过鉴别和思考之后还值得称道。在如此笨重、拙劣的欧洲复制品面前，我们不禁问道，我们刚刚赞美过它的奇异景象的那个亚洲怎样了？如果从外面并且从整体来看，莫斯科是空气中精灵的造物，是客迈拉 [1] 的世界；如果从近处细看，它就是一座巨大的贸易城市，杂乱无章，尘土飞扬，路面坑坑洼洼，房子质量低劣，居民稀稀拉拉；总之，尽管它毫无疑问展示了强有力的手的作品，但也暴露出对于美的认知连一件杰作也创造不了的脑袋的想法。俄国人臂力强健，也

1　客迈拉（Chimera），希腊神话中狮首、羊身、蛇尾的吐火女妖。

就是说，在数量上很强大，但他们完全缺乏想象力。

因为缺少建筑的天赋和雕塑的趣味，他们可以用石头堆出一个个庞然大物，但他们创造不出任何和谐的东西，创造不出任何比例完美的伟大的东西。多么令人愉快的艺术的特权！杰作是永恒的，即便被时间吞噬很久，仍会留在人们的记忆中。凭借点燃的灵感，它们哪怕是最后遭到严重的破坏，依然可以分有创造它们的不朽的思想；反之，不美的东西在还没有受到时间影响的时候就已经被忘记了。完美的艺术让石头有了灵魂，那是一种神奇的力量。这一点我们是在希腊学到的。在那里，每一块雕塑的残片，对于每一尊纪念碑式的杰作的总体效果来说，都不可或缺。在建筑当中就如同在其他艺术中一样，美感源自对哪怕是最小的细节都处理得一丝不苟，源自它们与总体构思之间巧妙而紧密的联系。在俄国，没有任何建筑能激发这种美感。

不过，在被称为莫斯科的一大堆乱七八糟的灰泥、砖头和木板中，有两个地方始终很有吸引力——圣瓦西里教堂和克里姆林宫，就是连拿破仑本人也只能够动几块石头的那个克里姆林宫！这座庞大的建筑，加上它不规则的白墙以及层层叠叠的雉堞，本身就大得像座城。傍晚的时候，我头一次进入莫斯科，城堡内部一座座奇形怪状的教堂和宫殿，在朦朦胧胧的背景下，矗立在暮光中，设计丑陋，颜色阴冷，尽管我们仍感到十分炎热，尘土呛人，蚊虫肆虐。在南方，因为夏季持续的时间长，风景才有了色彩，而在北方，我们可以感受到却看不到夏季的影响。那里的气温升高是短暂而徒劳的，大地始终没有色彩。

我永远忘不了头一次见到现代俄罗斯帝国的摇篮时突然感到的寒栗：单是克里姆林宫，这趟莫斯科之行就值了。

在这座堡垒的门口，但还在围墙外面——至少按照我的宪兵的说法，因为我还没有能够看到它——矗立着圣瓦西里，即瓦西里·柏拉仁诺教堂，也被称为圣母大教堂。在希腊教会中，他们滥用大教堂的名号，每座城堡的入口，每座修道院，都有自己的大教堂；每个城市都有几座。瓦西里大教堂即便不是俄国最美的大建筑，无疑也是俄国最独特的大建筑。到现在为止，我还只是在远处看过它。远看它就像一簇由一个个小角楼组成的巨大灌木丛，更准确地说，有点像某种热带水果，上面长满带刺的赘疣，或者像形形色色光线的结晶：金鱼的鳞片，蛇皮的釉质，蜥蜴的变幻不定的色泽，明亮的玫瑰色和鸽子脖颈上的蔚蓝色，就颜色而言，都有点相似。上面还矗立着几座棕红色的宣礼塔。整体的效果让人眼花缭乱。毫无疑问，拥有这样一座叫作祈祷堂的建筑物的地方不是欧洲；它一定是印度、波斯或中国！而且在这盒甜食中做礼拜的人，他们能是基督徒吗？这就是我第一次见到瓦西里教堂时不由得生出的感慨。那幢建筑实际上肯定拥有某种不同寻常的建筑风格，所以才引起我的注意，就像我头一次见到克里姆林宫，那座巨大的城堡吸引了我的注意一样。

不过，我的思绪很快就转向别处。在进入我们时代唯一发生过与古代历史上最引人注意的事件一样令人印象深刻的公共事件的城市时，有哪个法国人能抑制住内心的崇敬与骄傲呢（因为不幸也有其值得骄傲的地方，而且属于最合乎情理的那种）？

这座亚洲城市曾经用一种悲壮、绝望的办法来赶走它的敌人，那以后，莫斯科这个名字就不可避免地与现代一个最伟大的上尉的名字连在了一起。希腊人的神鸟为了逃脱鹰的利爪而自我毁灭，结果那只不可思议的鸽子又像凤凰一样，从灰烬中复活了。

这场巨人之战不能以成败论英雄，所有的参与者都是光荣的。但丁笔下魔鬼的武器，冰层下的烈火，乃是天主交到俄国人手中用来赶走和毁灭我们的武器。一支推进到那么远地方的军队是必须得到尊敬的，尽管它只是为了到那里送死。

但是，谁会原谅那个因为缺乏远见而让军队陷入如此困境的首领呢？在斯摩棱斯克，波拿巴拒绝了他们的和平建议，而在莫斯科，他们甚至都没有提出来。他希望他们会提出来，但他的希望落空了。

让那个伟大政治家的眼光变窄的，正是一种对于收藏和编目的变相的癖好。他牺牲军队，为的是满足自己孩子气的欲望，把占领过的各国首都的名单变得更长。他不仅没有理睬一些最明智的委员会的建议，还歪曲自己的判断，为的就是了却心愿，进入历代沙皇的堡垒，并像他在欧洲其他几乎所有君主的王宫里做过的那样，睡在那里。这种鲁莽的冒险家徒有虚名的胜利，让皇帝交出了尘世的权杖。

对其他国家首都强烈的欲望，给法国乃至世界曾经有过的最优秀的军队带来了灭顶之灾，并导致两年后帝国的覆灭。

下面这件事在我们当中没有听说过，但我可以保证它的真实性；它再次证明拿破仑在向莫斯科进军时犯下了不可原谅的错误。

斯摩棱斯克被俄国人视为其国土的保障，他们希望我们的军队会满足于占领波兰和立陶宛，而不是继续冒险向前，但是他们获悉这座作为帝国之钥的城市被攻克之后，到处是惊恐的呼号。宫廷和乡村人心惶惶，俄国以为自己被征服者控制了。亚历山大皇帝在彼得堡收到了这条噩耗。

他的陆军大臣的想法和一般人差不多。为了把自己的贵重物品放到敌人够不着的地方，他把相当数量的黄金、文件、钻石以及其他珠宝塞进一只小箱子，让他的秘书送到拉多加湖。那个秘书是他觉得可以托付这样一笔财产的唯一人选。他让秘书在拉多加湖等候进一步的指示，说他也许会派人告诉他带着箱子到阿尔汉格尔港，然后从那里去英国。几天过去了，十分焦急地等待着的消息却没有到来。最后，有信使给这位大臣送来官方的情报，说我们的军队正在向莫斯科进军。他没有片刻的犹豫，马上派人去拉多加湖，命令他的秘书带着那些贵重物品回来，而且他还觐见皇帝，欣喜地对他说："陛下您要感谢天主的恩典；如果您坚持执行既定的计划，俄罗斯就有救了：这是又一场查理十二的远征。"

"可莫斯科怎么办？"皇帝回答说。

"必须放弃，陛下。如果打的话，就浪费了机会；而撤退，我说的是在坚壁清野之后，就可以不费吹灰之力消灭敌人。消灭敌人将从让敌人挨饿开始，而实现这个目标要靠寒冬和大火。让我们在莫斯科燃起大火拯救世界吧！"

亚历山大皇帝在执行时修改了上述计划。他坚持最后再努力一把，以拯救自己的首都。

俄国人在莫斯科的战斗中所表现出的勇气众所周知。那场战役从他们的统治者那里得名为博罗季诺战役，它不仅对于他们来说是光荣的，对我们来说也一样，因为他们尽管表现得极为勇敢，仍然没有能够阻止我们进入莫斯科。

在这样一个世界上曾经有过的最平淡无奇的时代，天主想为编年史家提供一个史诗般的故事。莫斯科自愿做出了牺牲，结果那场神圣的大火成了德国革命和欧洲解放的信号。各民族终于意识到，除非彻底打败那个用持续的战争来寻求和平的不知疲倦的征服者，否则它们永无宁日。

这就是我第一次看到克里姆林宫时想到的东西。为了对莫斯科作出相应的补偿，俄国皇帝应该在那座双倍的圣城重建他的居所。

克里姆林宫不同于其他任何宫殿，它本身就是一座城，一座作为莫斯科之根的城，一座作为世界两个不同地区之间前沿堡垒的城。在成吉思汗后继者的领导下，亚洲向欧洲发动了最后的猛攻，撤退时它蹂躏了大地，克里姆林宫就是从那时开始兴建的！

现在拥有这座东方专制主义神圣的庇护所的君主们自称是欧洲人，因为他们已经把卡尔梅克人，也就是他们的兄弟、他们的暴君和他们的老师，赶出了莫斯科大公国。没有谁比萨莱[1]的可汗们的对手，也就是莫斯科的沙

1　萨莱（Sarai），金帐汗国的都城。

皇,和他们更像了。沙皇们甚至借用了完全属于他们的头衔。俄国人把沙皇的称号给了鞑靼人的可汗。关于这一点,卡拉姆津在他的书中说:"这个词并非如几个学者误以为的那样,起源于拉丁文的 Caesar。它是古代东方的词语,在《圣经》斯拉夫语译本中可以看到它;它是由我们率先用来称呼东方的皇帝的,后来也用来称呼鞑靼人的可汗。在波斯语中,它的意思是'王座'或至高无上的权威;它可以追溯到帕拉沙尔、那布那西尔等古亚述和巴比伦国王的称号终结的时候。"他在注释中补充说:"在我们的《圣经》译本中,Caesar 写作 Kessar,但 tzar 或 czar 完全是不同的词。"

一进莫斯科城,我就忘记了诗,甚至忘记了历史。我只想着我所看到的,但它们并不是非常引人注目,因为我发现,我所在的街道同所有大城市郊区的街道一样。我穿过一条又一条彼此十分相似的林荫道,然后下了一段缓坡,来到几排笔直而漂亮的石头住宅中间。我终于到了德米特里斯科耶大街,我在那里一家很好的英国旅馆定了一个漂亮而舒适的房间。在彼得堡的时候,有人把我推荐给霍华德太太,要是没有这个介绍,她是不会让我住进她的旅馆的。我注意不去责怪她这么小心,因为正是由于这种谨慎,人们才可以舒舒服服地睡在她的旅馆。她的旅馆干净得在任何地方都很少见，而在俄国绝对属于奇迹。她做到这一点的诀窍就是，让人在院子里单独建了一幢给俄国仆人睡觉的房子。这些仆人除了侍候他们的主人，从来不进主楼。在其明智的措施中，霍华德太太还更进一步。她很少接待俄国客人，不管是谁；结果，我的宪兵和车夫都不知道她的店，所以我们在找它的时候还费了一些周折，尽管它是莫斯科乃至俄国没有招牌的最好的旅馆。一安顿好，我就坐下来写信。现在天色已晚，天空有一轮明月，我要搁下笔，到城里逛一逛，回来时再描写我散步的见闻。

大约十点，我开始了我的漫游，没有向导，也没有同伴，而且按照我通常的习惯，是一条街一条街地瞎逛。我首先穿过几条又长又宽的大街。相比于俄国的大多数街道，那几条大街有些起伏，但设计得很整齐。决不能说在这个国家的建筑上缺少直线，可是，线条和规则对莫斯科不如对彼得堡的破坏那么大。在彼得堡，现代城市的傻瓜暴君们发现了一块为他们准备的现成的水平面；在莫斯科，他们必须与高低不平的地表作斗争，与具有民族特色的古代大建筑作斗争。由于自然和历史造成的这些无法克服的障碍，莫斯科在表面上仍然是一副古代城市的样子。它比帝国其他的任何城市都更加美如画。尽管沙皇彼得及其后继者做出了几乎是超自然的努力，但帝国仍然把莫斯科看作它的首都，这说明环境的法则要比人的意志，哪怕是最有权力的人的意志还要强大。失去了宗教上的荣誉，失去了牧首，被君主以及最高贵和古老的波雅尔所抛弃，除了英雄事迹之外再没有别的有吸引力的联系，过于现代以至于到现在还不能得到应有的重视，莫斯科不得不依赖于商业和工业。他们吹嘘它的丝织业。但这里的历史和建筑依然保留了它对至高无上的政治地位的不可剥夺的权利。俄国政府支持工业上的追求。既然不可能完全阻挡时代的洪流，那它宁可让臣民富裕起来，也不愿恢复他们的自由。

今晚，快十点的时候，日落月升。修道院的角楼，小教堂的尖顶，塔楼，雉堞，宫殿，以及克里姆林宫中所有奇形怪状的、阴沉沉的建筑群，全都裹上了金边般华丽的光环，而城市大部只是借着白昼的余光隐约可见。这种余光很快就在莫斯科上空的彩瓦、铜顶塔、金色链子以及金属屋顶上消逝了。不过，这些大建筑——其总体的分布令人联想到某种锦帷——依然像色彩丰富的浮雕似的，伫立在淡蓝色的天空下。看起来就好像太阳要向俄国古老的首都作离别致敬一般。这种告别的方式在我看来非常壮观，尽管成群结队的蚊子在我耳边嗡嗡作响，而我的双眼也沾满街头的尘土——因为大街上忙碌个不停，无数的车辆朝着四面八方疾驰而过。

数量最多的是真正具有民族特色的俄式四轮敞篷马车，这些极小的夏季雪橇往往一次只能载一个人。为了满足活跃的居民的需要，它们的数量增长得非常快，但是在这么大一个城市错综复杂的道路上并不显多。莫斯科的尘土特别讨厌，细如轻灰。另外，这里气温非常高，今年夏天炎热的程度以及持续的时间让俄国人都感到惊讶。

这个斯拉夫帝国，这个冉冉升起的令世人侧目的政治领域的太阳，是不是也得到天上太阳的眷顾呢？当地人说，而且常常是反复说，气候正在好转。人类文明的力量是多么奇妙啊，文明的进步甚至能改变地球的温度！不管莫斯科和彼得堡的冬天如何，要论夏天的气候，很少有地方比这两个城市更让人难受了。应该称为北方的坏天气的恰恰是这种晴好的季节。

在莫斯科街头，给我留下深刻印象的第一件事，就是居民的举止与彼得堡的相比，显得更有生气、更自由和更随意。这里呼吸的自由的空气是帝国其他地方不懂的。正是这一点让我明白了，为什么君主们背地里都讨厌这座古老的城市，为什么他们既讨好它，又惧怕它和逃离它。尼古拉皇帝是个优秀的俄国人，他说他非常喜欢它，但我看不出来他住在这里的时间要多于那些讨厌它的前任。

今天晚上，一些街道的部分路段张灯结彩。很难理解俄国人为什么会喜欢张灯结彩，因为我们记得，在这个短暂的季节，在只有他们可以享受这种奇观的时候，在莫斯科这样的纬度几乎是没有任何夜晚的，在彼得堡那样的纬度就更不用说了。

回到住的地方，我问了这些适度展示的欢乐的原因，得到的回答是，张灯结彩是为了纪念皇帝所有家庭成员的生日或受洗日。在俄国，诸如此类固定的纪念日太多，结果几乎没有注意就过去了。这种漠不关心的态度证明，恐惧有时是轻率的，它并非总是像它希望的那样知道如何讨人欢心。爱是唯一现实而巧妙的能讨人欢心的东西，因为它的赞美，即便是夸大其词，也是真诚的。这是良心在专制君主的耳边徒劳地传布的真理。

良心在人类事务上，无论巨细，都一样没有效果，这一点在我看来，乃是今生最奇妙而神秘的事情，因为它向我证明了来世的存在。天主无论创造什么，都不会没有目的，所以，既然他把良心给了每一个人，既然这种内在的光明在世间是如此无用，那它必定赋有天主指定的要在别处实现的使命。今生的恶行把激情作为它们的借口，来世的正义会把良心作为它的辩护人。

我慢慢地跟在街上散步的人们后面。我不由自主地把这群闲逛的人当成向导，跟着他们上上下下走了几个斜坡，之后我来到市中心。那是一座搞不清楚是什么形状的广场，旁边有座花园，树丛中的小径灯火通明，树下可以听到隐隐约约的音乐声。几家露天咖啡馆进一步让我联想到欧洲，但我对这些娱乐不感兴趣，因为我是在克里姆林宫的墙根下——克里姆林宫是用奴隶的双手为暴政筑起的大山。在莫斯科古代要塞的围墙外面，已经为现代城市修建了供公众散步的英式花园。我该怎样来描述克里姆林宫的围墙呢？围墙这个词会欺骗读者，因为它让人联想到极其寻常的事物，而克里姆林宫的围墙就像连绵的高山。耸立在欧亚分界线上的这座要塞，与普通的护墙相比，就像阿尔卑斯山与我们的丘陵相比：克里姆林宫是要塞中的勃朗峰。如果说这个叫作俄罗斯帝国的巨人有一颗心脏，我要说，克里姆林宫就是这个怪物的心脏；但事实上我宁可称之为头颅。

但愿我能描绘出这个用石头一级一级堆起来的伸向天空的庞然大物。这座专制主义的庇护所是以自由的名义建造的，因为克里姆林宫是俄国人用来对抗卡尔梅克人的屏障，它的围墙对于国家的独立和君主的暴政作用是一样的。它们矗立在蜿蜒起伏的地面上。如果山丘的斜坡过于陡峭，护墙就会逐级降低：这些在天地间搭起的巨大的台阶，是给向诸神开战的巨人们准备的梯子。

在最前面的这排围墙中插入了一些奇形怪状的塔楼，高大、坚固，模样古怪，让人联想到瑞士的山峰，连同其千姿百态的岩石和色彩斑斓的冰川。模糊不清无疑会让物体的尺寸显得比实际的要大，而且还会让它们的形状和色彩显得不同寻常——我说色彩是因为夜晚就像版画一样，是有颜色的。看着身着巴黎时装的绅士淑女在这座传说中的宫殿脚下散步，我以为自己是在梦中。假如说伊凡三世，也就是克里姆林宫的重建者，也可以说奠基者，在这座神圣的要塞脚下，看到他的老莫斯科大公国人，脸是刮过的，头发是卷过的，穿着双排扣的礼服和白色马裤，戴着黄手套，吃着冰糕，坐在灯火通明的咖啡馆前，他会怎么想？他会像我一样，说这不可能！可这是现在的莫斯科每个夏天的夜晚都可以看到的。

然后，我逛了沙皇们古老的要塞前面斜坡上的几座公共花园，看到了层层塔楼和露台，还看到了一个中了魔法的城市。要找到可与这些奇妙的东西相比拟的词语，那就需要对什么都感到惊异的青年的口才。在我穿过的一个长长的拱顶上方，我感觉到有座高架桥，马车和行人从桥上进入圣城。这幅景象使人迷惑；除了塔楼、大门、层层的露台、陡坡以及大量的拱形结构之外，什么都没有，而所有这些足以构成一条道路，离开如今的莫斯科、庸俗的莫斯科，前往属于奇迹和历史的莫斯科——克里姆林宫。这些没有水的高架渠，支撑着其他几层奇形怪状的大建筑。我注意到，在其中一个悬空的通道上，有座低矮的圆形塔楼，布满了用矛头做的雉堞。这种饰物的银光与围墙血红的颜色形成奇特的反差。塔楼就像头戴冠冕的巨人，矗立在他守卫的要塞前面。借着月色在克里姆林宫脚下漫步的时候，有什么是人不可能看到的？在那里，一切都是超自然的；心灵不由自主地相信幽灵的存在。走近这座神圣的要塞时，谁能没有宗教上的惊恐？它的一块石头受到波拿巴的惊扰，甚至弹到圣赫勒拿岛，在大洋深处压碎了征服者！对不起，读者，我身处在一个浮夸的时代。

各个新的学派中最新的学派正在努力消除这种浮夸，并且努力使语言变得简洁。它所主张的原则是，最缺乏想象力的人在他们并不拥有的才能方面，应该极为小心地避免在曲折的道路上冒险。我钦佩天才们采用的一本正经的风格。天才们能让它丝毫不显得无聊乏味，然而这一点我是模仿不了的。

看了今晚看到的一切，如果径直回到自己的国家，那会比较明智，因为此行的兴奋感已经荡然无存。

Letters from Russia

第二十五封信

莫斯科，8 月 8 日

白天的克里姆林宫·克里姆林宫的建筑特色·象征性的意象·建筑
特色与建造者之间的关系·伊凡四世·容忍犯罪·对伊凡四世历史
的介绍·有理由相信卡拉姆津

　　从彼得堡到莫斯科途中患上的眼炎发作让我十分痛苦
和烦恼。今天我带病继续昨晚的散步，想比较一下白天的
克里姆林宫与晚上奇形怪状的克里姆林宫有什么不同。夜
色让一切都变大了、变形了，太阳则使它们恢复到本来的
形状和大小。

　　再次见到沙皇们的要塞仍让我感到惊奇。月光放大并
凸显了这座建筑的某些部分，但也隐藏了别的部分。我承
认，之前我把拱顶、走廊、悬空的道路和巍峨的正门想象
得太多了，但我找到的所有这些东西是相当多的，足以证
明我的热情并非没有道理。克里姆林宫里的每一样东西都
值得一看，它是一幅多姿多彩的石头景观。它的围墙比围
墙脚下的岩石还要坚固。它的组成部分的数量和形式之多，

令人叹为观止。这座由宫殿、博物馆、塔楼、教堂和地牢组成的迷宫和马丁[1]的建筑一样可怕；它和那位英国画家的作品一样伟大，而在不合常规方面更胜一筹。从它的地下传出神秘的声音；这样的居所肯定有幽灵出没，那些幽灵不会是像我们一样的存在。莫斯科的这座城堡不仅仅是宫殿，不仅仅是用来保存帝国的历史珍宝的国家圣所，它还是俄国的支柱，是受人敬仰的庇护所，那里长眠着守护这个国家的诸多圣徒，同时它还是囚禁鬼怪的监狱。

今天上午，我依然没带向导，独自信步闲游，甚至进入要塞中央，来到一些教堂里面。那些教堂装点着这座虔诚之城，而俄国人之所以崇奉它，不但是因为它里面圣徒的遗物，同样也是因为它里面世俗的财富和战利品。现在我兴奋得没有办法详细地描绘这些东西，但后面我会有条不紊地参观这座宝库。

坐落在山岗上的克里姆林宫，如同建在民众之城中间的君主之城。这座暴君的城堡，这座傲慢的石堆，轻蔑地俯瞰着普通百姓的居所。与寻常大小的建筑相反，我们越是走近这座坚不可摧的庞然大物，内心就越是惊叹。就像某些巨型动物的骨架一样，克里姆林宫向我们证明了一个

---

1 约翰·马丁（1789—1854），英国浪漫派画家。

世界的历史，而这个世界直到在看到其遗骸之后我们还会怀疑。在这种惊人的创造活动中，力量代替了美，任性代替了典雅。这就像暴君的梦，胆怯却充满力量。它的身上有某种不合时宜的东西，因为作为防御工具，它适用的战争体系已不复存在，而作为建筑，它与现代文明的需要又毫无联系。传奇时代的遗产、监牢、宫殿、圣所、抗击敌国的支柱、压迫国民的巴士底狱、暴君的靠山、人民的枷锁，这就是克里姆林宫。作为北方的雅典卫城和野蛮时代的万神庙，这座国家建筑可谓是斯拉夫人的阿尔卡萨尔宫 [1]。

那么，这就是古代的莫斯科大公们选择的居所了，然而，对于恐怖的伊凡四世来说，这些难以逾越的围墙仍然不够安全。

拥有绝对权力之人的恐惧，是世上最可怕的东西。这种恐惧的意象在克里姆林宫随处可见，因此在走近这座建筑的时候，仍令人不寒而栗。

各种形状的塔楼——圆的、方的以及带有尖顶的——钟楼，主塔，角楼，塔尖，宣礼塔上的岗亭，高度、风格、颜色各异的尖塔，宫殿，穹顶，瞭望塔，带有雉堞和枪眼的高墙，围墙，各式各样的防御工事，奇形怪状的发明，

1　阿尔卡萨尔宫（Alcazar），位于西班牙塞维利亚。

让人看不懂的装置，大教堂旁边的凉亭，每一样东西都显示出侵犯与混乱，每一样东西都暴露出为了确保注定要生活在这个超自然的世界中的怪人的安全而不得不始终保持警惕。然而，这些与自负、任性、骄奢淫逸、荣耀以及虔诚有关的无数遗迹，虽然表面上各不相同，但都表达了主宰着这里每一个角落的同一种想法——靠恐惧来维系的战争。克里姆林宫是个超人的作品，但那超人心肠歹毒。以奴隶制为荣，这座魔鬼建筑的寓意就是如此，它在建筑上就和圣约翰在诗篇中的想象一样不同寻常。它是适合《启示录》中的某些角色居住的地方。

按照特点和具体的用途来区分各个角楼是徒劳的，因为所有的角楼含义都一样，那就是靠武力来维持的恐怖。

有些角楼像神父的帽子，有些像龙嘴，有些像剑，剑头朝上，有些角楼的外形甚至颜色就像各种各样带有异国情调的水果。还有些像沙皇的头饰，尖尖的，并像威尼斯总督的头饰一样饰有珠宝。有些简直像皇冠。琉璃瓦的塔楼，金属的顶塔，彩色、金色、天蓝色和银色的穹顶，这许许多多的一切，就像克拉科夫地区盐矿中巨大的钟乳石一样，在太阳下闪闪发光。这些巨大的柱子，这些形状各异——有带尖顶的，有金字塔形的，还有圆形的——但总是会以某种方式让人联想到人的外形的塔楼和角楼，似乎主宰着这座城市和这片土地。从远处看到它们在空中闪闪发亮，会以为那是身着华服并用各种尊贵的标记装扮起来的君主们在聚会，是祖先们的集会，是国王们的会议，全都坐在各自的坟墓上，而幽灵们则在宫殿的小尖塔上空徘徊。住在克里姆林宫这样的宫殿里，不是为了安居，而是为了保护自己。压迫引起反叛，反叛使防范措施成为必要，而防范措施又增加了危险，这一连串的作用与反作用制造出一个魔鬼，就是专制主义，它为自己在莫斯科建造了一处住宅。要是大洪水以前的世界中的巨人回到人间探望其堕落的继承人，他们依然可以在克里姆林宫找到适合居住的地方。

不管是不是有意，每样东西在建造时都有象征性，但是在凝望这些野蛮而华丽的东西时，一旦你摆脱了最初的各种情绪，真实而持久的东西还是会显露出来——那不过是美其名曰宫殿和大教堂的一座座牢笼。俄国人可以尽最大的努力，但他们根本无法挣脱牢笼。

就连气候也成了暴政的帮凶。这个国家气候寒冷，不适合建造高大的教堂，信众要是在那里面祈祷会被冻死，所以在这里，灵魂不能靠宗教建筑的荣耀托举到天上，这里的人们只能为他们的天主建造昏暗的城堡主塔。克里姆林宫几个阴沉沉的大教堂，拱顶狭小，墙体很厚，就如洞窟。它们是彩色的监狱，正如宫殿是镀金的监狱。

就像旅行家提到阿尔卑斯山深处时说它们美得可怕一样，这种建筑的奇妙也是如此。

我有一只眼睛的炎症越来越严重。我不得不请了医生，他嘱咐我用绷带把眼蒙上，而且三天不能出门。幸好有一只眼睛不要紧，这样我还能做点事。

我打算把这三天空闲时间用在一项工作上，它是在彼得堡开始的，但是被那里接二连三的庆祝活动打断了。这项工作就是，简单地回顾一下那位杰出的暴君和克里姆林宫的灵魂伊凡四世在位的情况。之所以说他是克里姆林宫的灵魂，不是因为他修筑了那座要塞，而是因为他生在那里，死在那里，他的幽灵现在仍在那里游荡。

修筑克里姆林宫的计划是由他的祖父伊凡三世设想并实施的。我前面尽了最大的努力描绘那个地方本身，现在我要更进一步，描绘住在里面的几个人的巨幅肖像。如果说从住宅里面的布置可以判断出居住者的性格，那依此类推，我们不是也可以通过研究为了他们才建造的那些人，来想象那些大建筑的样子吗？我们的激情、习惯和特色，非常有力量，足以在我们住所的石头上面，刻下难以磨灭的印记。

毫无疑问，如果说有哪座建筑可以适用于这样一个想象的过程，那它就是克里姆林宫。在东罗马帝国的精神影响下，可以看到，欧洲和亚洲在那里融合在一起。

不管是从纯粹历史的还是从诗意和如画美的角度来看，要塞都是俄国最有民族特色的建筑，因而对于俄国人和外国人来说都最令人感兴趣。

1485 年，两位意大利建筑师马可和彼得罗·安东尼奥用石头为伊凡三世改建了这座专制主义圣所。他们是应大公之邀来到莫斯科的，当时大公希望重建德米特里·顿斯科伊[1] 在位时为要塞建造的护墙，先前它是木头的，年代已经比较久远了。

但是，如果说这座宫殿不是由伊凡四世建造的，那也是为他建造的。那个伟大的国王，他的祖父，出于先见之明建造了暴君的宫殿。意大利建筑师到处可以找到，但他们在别的地方绝对造不出类似他们在莫斯科建造的工程。另外，在别的地方也有绝对的、不义的、专横的和反复无常的君主，然而这些魔鬼谁都不像伊凡四世那样统治。同样的种子，生长在不同的气候下和不同的土壤中，长出来的植物虽属同类，却有很多变种。世上永远也不会看到第

1　德米特里·顿斯科伊（Dmitri Donskoi），莫斯科大公，1359—1389 年在位。

二个像克里姆林宫那样的专制主义杰作，也不会看到第二个像莫斯科大公国那样，在其最大的暴君的可怕统治下逆来顺受的民族。

即便是今天，仍然可以感受到那种统治所造成的后果。假如读者和我一起进行这趟旅行，他就会像我一样，在俄国人的性格深处，发现已经发展到极致的专制权力所造成的不可避免的伤害。首先是对说真话、感情真挚和行事公正不以为然，其次是各种各样到处蔓延的弄虚作假，欺诈横行，结果，道德意识实际上已经被完全破坏。

我似乎可以看到，一连串的罪恶正从克里姆林宫的各座大门涌出，淹没了俄国。

其他民族是支持压迫，而俄罗斯是热爱压迫。现在它仍然这样。这种对于服从的狂热难道不是它的特色吗？不过，不可否认，在这里，这种普遍的狂热有时会激发高尚的行为。在这个野蛮的国度，如果说社会使人堕落，可却并没有使他失去活力：他不好，但不能小觑。克里姆林宫也是如此。它不好看，但让人害怕。它不美，但它恐怖，就像伊凡四世的统治一样恐怖。

这样的统治对于最近的几代人来说，蒙蔽了一个曾经对它逆来顺受的民族的心灵。背叛人道的罪行玷污了一个民族哪怕是与其亲缘关系最不密切的子孙后代的血液。这种罪行不仅仅在于做出不义的事情，同样也在于容忍不义的事情。一个民族，借口服从是美德之首，让暴政贻害子孙，这样的国家既误解了它的利益，也忽视了它的责任。对疯狂的主人的逆来顺受和忠诚，是可鄙的德性。顺从之所以值得赞美，君主的至上权威之所以值得尊重，只有在它们成为维护人类权利的工具时。如果君主忘记了一个人获准统治其同类的前提条件，百姓只好向他们永恒的统治者求助。天主会解除他们的誓言，不用再忠于他们尘世的主人。

俄国人既不承认也不理解这样的约束条件，但如果想发展真正的文明，这些条件就必不可少。没有它们，社会状态就会对人有害而不是有益，那时，诡辩家们说要把人送回森林就说对了。

然而，这个道理不管提出的方式多么温和，在彼得堡都会被当作煽动言论。所以我们时代的俄国人真不愧是伊凡四世臣民的后代。我之所以要简明扼要地描述他在位的情况，这是其中的原因之一。读者用不着担心感到厌烦，因为根本就不存在局外人的历史。那个疯子可以说已经越过了人以自由意志的名义从天主那里接受的允许作恶的范围界限。人类的胳膊从来没有伸得那么长。伊凡四世的凶残就连提比略、尼禄、卡拉卡拉、路易十一、残忍的彼得[1]、理查三世、亨利八世以及其他所有无论古代还是现代的暴君，连同以塔西佗为首的最公正无私的审判者，都害怕得发抖。

因此，在描述其难以置信的暴行的某些细节之前，我越发感到有责任声明我的话是准确的。我不会凭记忆去引述任何东西，因为在开始这趟旅行的时候，我的马车装了很多有助于我这项工作的书。我了解情况的主要来源是卡拉姆津。他是作家，俄国人不会反对他，因为他受到的指责，不是说他夸大其词，而是说他把对自己民族声誉不利的事情说得轻描淡写。这位作家的缺点是极为谨慎，谨慎到近乎偏袒。所有的俄国作家都是廷臣，卡拉姆津是其中之一。关于这一点，我在一本小册子中找到了证据。那是另外一个廷臣维亚泽姆斯基公爵出版的，描述彼得堡冬宫的大火。它在描述时不停地歌颂那位君主——他这次配得上那些赞美他的话。下面这段是小册子里的：

> 俄罗斯有哪个贵族家族与这些高墙没有某种光荣的渊源？我们的前辈，我们的祖先，是在那里从君主手中得到了我们在政治和军事上的所有成就，而且是以国家的名义，那是他们的努力或他们的英勇的最好证明。洛莫诺斯洛夫和杰

1　残忍的彼得（Peter the Cruel, 1334—1369），即佩德罗一世，西班牙卡斯蒂利亚和莱昂的国王，1350—1369 年在位。

尔扎温在那里演奏他们民族的里拉琴，卡拉姆津在那里为尊贵的听众朗诵他的历史篇章。那座宫殿是我们荣耀的保障和丰碑；它就是我们现代历史上的克里姆林宫。

因此，在卡拉姆津叙述伊凡一生的罪恶时，他的话是完全可信的。

第二十六封信

莫斯科，8 月 11 日

伊凡四世的故事·他执政初期·他的暴政的影响·暴政的原因之一·他的婚姻·他的残忍的行为·诺夫哥罗德的命运·退位·俄国人奴性的秘密·伊凡重登皇位·沙皇特辖区·摘自卡拉姆津书中的内容·伊凡的怯懦·征服西伯利亚·伊凡与英格兰伊丽莎白女王的友谊·伊凡穿上隐修士的斗篷·宗教上的顺从·唯一独立的教会·国家的和普世的宗教·摘自卡拉姆津书中的内容·康斯坦丁大公的轶事·伊凡与格里亚兹诺伊的通信·割让利沃尼亚·杀死皇太子·伊凡之死·附录：新的建筑式样·俄国人的公平·卡拉姆津对伊凡三世的概述·彼得大帝与两位伊凡的相似之处·塞居尔先生对沙皇彼得的儿子阿列克谢之死的描述

　　假如读者没有专门研究过俄国编年史，会发现很难相信将要读到的这段梗概是真实可靠的历史。

　　可这读起来像是虚构、其实已得到历史证实的大量令人憎恶的行为，还不是在回顾伊凡四世漫长的统治时最令人惊讶和最值得深思的事情。一个让哲学家百思不得其解的问题，一个令人诧异而且想起来就很痛苦的永恒的主题，是那种绝无仅有的暴政对于受其戕害的国民的影响。它非但没有使民众疏远，反而让他们更加依恋。这让我对人心难测有了新的认识。

1533年，伊凡四世登上宝座时还是个孩子。1546年1月16日，他在十七岁时加冕。1584年1月18日，他在克里姆林宫寿终正寝，时年五十四岁，在位五十一年。全体民众哀悼他的死亡，连受害者的后代也不例外。莫斯科大公国的母亲们有没有为他哭泣，我们还可以存疑，因为这一点编年史家们没有提到。在社会处于堕落状态的时候，女人不太会像男人那样完全变质，因为只有男人才参与政府行为，因此，每个时代和民族的社会偏见，对他们比对他们妻子的影响更大。尽管这样，仍然可以肯定，伊凡的残暴统治对俄国产生了极大的吸引力，使其在自己君主的无法无天的权力中，看到了值得崇拜的东西。政治上的服从在俄国人的心灵中已经变成了宗教情感。我相信，只有在这个国家的民众中，才会看到受害者在刽子手面前顶礼膜拜的奇观。罗马拜倒在提比略和尼禄的脚下，哀求他们不要放弃绝对权力，哀求他们对它继续烧杀抢掠并羞辱它的孩子了吗？伊凡四世在位时，人们就是这样做的，当时正是他的暴政最酷烈的时候。

他希望隐退，但聚集在他们主人身边的那些俄国人，恳求他继续随心所欲地统治他们。既然可以那么做，既然得到那样的保证，暴君就重新开始了他的杀人生涯。对他来说，统治就是杀人；而这个简单的宪法得到了俄国的一致同意，以及在暴君死亡时举国的眼泪和哀恸的确认！当伊凡决定像尼禄一样摆脱荣誉和美德的约束，完全用恐怖手段进行统治的时候，他不仅仅是挖空心思，想出各种无论是在他之前还是在他之后都闻所未闻的残忍手段，还对供他发泄怒火的可怜的对象破口大骂。他在施暴方面点子很多，而且具有喜剧色彩。可怕的东西和滑稽的东西都能让他既爱嘲弄又毫无怜悯的内心倍感振奋。他用讽刺挖苦来刺穿人的内心，同时用自己的双手把人的身体撕成碎片。他那难以餍足的傲慢使他把很多同胞当成敌人，而在他对同胞所干的种种令人发指的坏事中，别出心裁的残忍的语言比给肉体带来痛苦的暴行还厉害，虽然他采用并改进了所有能够延长肉体承受高强度痛苦的发明，因为他的政府是靠酷刑统治的。

和阿格丽派娜的儿子一样[1]，伊凡四世的统治其实是从征服开始的，这样做或许更容易得到一个爱慕虚荣并且野心勃勃的民族的拥戴。这段时期，他对那些虔诚而谨慎的顾问和幕僚言听计从，这使得他的执政初期成了莫斯科

1　阿格丽派娜（Agrippina，15—59），罗马皇帝尼禄的母亲。

大公国编年史上最辉煌和兴旺的时代之一。可开场的这一幕时间不长，接下来的转变既突然，又彻底而可怕。

喀山作为难以攻克的亚洲伊斯兰教的堡垒，在这位年轻沙皇的攻击下，经过长期的艰难的围困，终于在1552年被攻陷。这位君主在那里所展现出来的能量，哪怕是在半野蛮人看来也非常惊人。他在制定和执行作战计划时的敏锐和坚定，就连他手下最有经验的指挥官起先都莫名其妙，后来却佩服得五体投地。

在开始自己的军事生涯时，他的计划之大胆，令所有稳健的做法都像是胆小怯战，尽管我们很快就会看到，就像他起初无所畏惧一样，他也有胆怯和没骨气的时候。他在变得残忍的同时也在变得怯懦。对他来说，就和对几乎所有的魔鬼来说一样，残忍的根源主要在于恐惧。他一辈子都记得，幼年时波雅尔的专横跋扈给他带来怎样的痛苦。他们的纷争在他还没有能力保护自己的时候，曾威胁到他的生存。可以说，他在成年后的愿望莫过于为童年时的无能复仇。但是，如果说在这个人可怕的故事中有什么深刻的教训，那就是，当他失去美德的时候也失去了勇气。

天主在创造人的心灵时，真的对它说过"你只有心存怜悯的时候才会勇敢"吗？

如果真是这样，如果太多、太有名的例子证明，的确有这么一条非常可取的规则，那信仰就太容易了，我们就会在天主更好的创造物的命运中面对面地看到天主，正如我们在伊凡的一生中果真看到天主显露的力量一样。因为，赞美主，只要那位君主是宽厚的，他就会像狮子一样勇敢，而只要他变得没有人性，他就会像奴隶一样怯懦。这一教训，尽管它在我们民族的编年史中可能属于例外，但还是宝贵的和令人欣慰的。我很高兴把它从伊凡四世可怕的故事中挖掘出来。

由于这位青年英雄的魄力——他的整个顾问班子当时都反对他的计划——阿斯特拉罕也遭遇了和喀山一样的命运。挣脱了紧挨着的几个鞑靼老主人的控制，获得解放的俄国响起胜利的欢呼。可是，下层民众不知道如何在摆脱一副枷锁的同时又不套上另外的枷锁。他们开始带着自由人的怯生生的自豪感，把他们年轻的君主当作偶像崇拜。

志得意满的沙皇疲惫了，想要停下来休息。他厌倦了歌功颂德，承受不了棕榈叶和月桂枝的重压，宣布永远放弃追求他神圣的事业。但愚蠢的只是他的心灵，还没有传染给他的大脑。在最没有理智的行为中，他的语言充满见地，字面意思完全合乎逻辑。尖刻的风格掩盖了他灵魂的恶毒，但也表现出他理解的深刻和清晰。

他的老朽顾问们首先遭殃。在他看来，他们既是导师，也是叛国者，这在他眼中是一回事。于是，他判处他们流放和死刑，而这种判罚在国人眼中似乎很公道。他的很多荣誉都要归功于这些廉洁公正的顾问。他承受不了他们应得的感激的重压，结果，因为害怕继续忘恩负义，他杀了他们。这以后，暴怒便攫住他的内心。对幼年时争夺自己监护权的贵族们的纷争和暴力的难忘记忆，让他觉得到处都是叛国者和阴谋家。

国家治理中形形色色的偶像崇拜，是沙皇采用并得到俄国同意和认可的唯一的司法准则。伊凡犯下了种种罪行，可他仍然是这个国家被选定的君主。要是在别的国家，他会被看作从地狱里跑出来的魔鬼。

与普通暴君的做法不同，他讨厌撒谎，他的暴虐无需遮掩。他表现得凶残透顶，而且为了不再让自己有机会对别人的美德感到羞愧，他抛弃了从前操行严谨的朋友，任由他们受到放纵的宠臣们的报复。

于是，沙皇和他的爪牙展开了令人颤抖的作恶竞赛。就像他的内心生活分为两个时期，他的身体也表现出两种不同的样子。他的相貌发生了变化。他年轻时英俊漂亮，而当他开始作恶时就变得极其丑陋。

他失去了一个擅长交际的妻子，然后又娶了一个和他本人一样嗜血的妻子；她也快死了，他又娶了一个，这成了希腊教会的一大丑闻，因为希腊教会不允许举行三次婚礼。他就这样娶了五次、六次或许七次！这些婚姻的确切次数到现在都搞不清楚。他的妻子们要么被他休掉和杀掉，要么遭他的冷落。无论是他的恩爱还是他的暴怒，时间一长，没有人受得了。但是，虽然他对昔日宠爱的对象的漠不关心是公开的，可等到失去她们，他又开始愤怒地报复。每当有皇后去世，这种愤怒就会把恐怖传遍整个国家。然而这种成为大肆杀戮的借口的死亡，多数是由沙皇自己引起的，或者是他自己下令的。他的悲痛只是让别人流血流泪的机会。那时候总是有人说，虔诚的皇后，美丽的皇后，不幸的皇后，是被沙皇的大臣或顾问，或者是被他希望除掉的波雅尔毒死的。他本人竭力想要摘掉自己的面具，但这样做是徒劳的。他继续撒谎，即便不是出于必要，也是出于习惯。这就是虚伪与暴政不可分离的结合。

伊凡四世的诬陷毫无例外地全都成了死亡的征兆。不管是谁，只要沾上他言语的毒液，都会倒下。在他周围，尸体堆成了堆，然而，在他对被判有罪的人的惩罚中，死亡是最轻的。他在残忍方面很有一套，能变着法子让受害者只求一死。作为折磨人的行家，他以他们的痛苦为乐。他用残忍的讲话来延长他们的痛苦，而在他残忍的关怀过程中，他慢慢地、小心地给他们上刑——他们有多想死，他就有多担心他们的死。实际上，死乃是他给予臣民的唯一的好东西。

不过，列举出——就这一次——由他本人挖空心思想出的，并且用在他将要惩罚的所谓罪犯身上的几种残忍的做法还是必要的。他让人把他们身体的一部分放到沸水里煮，同时把另外的部分泡在冰水里。他让人当着他的面活剥他们的皮，并用刀割碎他们还在微微颤抖的、裸露的肉，而他则自始至终尽情地欣赏他们的流血和抽搐，尽情地欣赏他们的尖叫。有时他会亲手刺死他们，结束他们的痛苦，但更多时候他会因为这种仁慈的做法而责备自己的软弱，因此他会让他们的重要器官尽可能长时间地不受伤害。他会把他们的四肢切掉，但很小心地保留他们的躯干，然后再把从活人身上切下来的美味，一块一块地扔给饥肠辘辘的野兽。野兽们当着那些肢体残缺的受害者的面，吞咽着那些美味。颤抖不已的躯干还是活的，并得到最好的和最科学的照料，为的是最大限度地延长这些景象的时间。在这些景象中，沙皇和老虎争着看谁更加凶残。

大诺夫哥罗德可以作为一个例子，说明这个魔鬼在发怒时会如何不问青红皂白。当时整个城市受到指控，说他们犯有叛国罪，帮助波兰人，而它真正的罪过在于长期的独立和荣耀。大诺夫哥罗德城内处死了很多人，城墙沾满鲜血，空气臭不可闻。在那座被宣布有罪的城市的城墙四周，无人掩埋的尸体使得沃尔霍夫河的河水为之变质。接着，就好像把人处死对于执行暴君的意志来说还不够迅速似的，瘟疫又被制造出来，帮着用更快的速度消灭城中的居民，帮着发泄父亲的怒火——父亲是俄国人不加区别地给予他们所有君主的爱称。

在这位沙皇的统治下，死亡成了人的奴隶。人生越是没有欢乐，死亡就越是没有那么恐怖。君主感到高兴的成了民众感到绝望的；他的力量是灭绝，他的人生是对天主将其交给他来保护的被剥夺了防卫能力甚至被剥夺了意志的人的不光彩的战争，他的法律是对人类的仇恨，而推动着他的激情是恐惧。

他报复的时候会赶尽杀绝，灭掉整个家族——小姑娘、老人、孕妇以及尚未断奶的婴儿。他也不会只是毁灭少数家族，而是整省整省地消灭，一个活口不留，甚至动物也不留。他连湖里和河里的鱼都要毒死，而且相信吗，他还下令让儿子去处死父亲！这命令居然有人服从！人居然贪生怕死到如此程度，杀害那些给了他们生命的人！

伊凡把人的身体当钟来使。他发明了可以按照固定的时间间隔发作的毒药，那样他就可以根据臣民死亡的顺序来计时并分配他的时间，这种可恨的娱乐就是这样按照极其精确的方式进行的。凡是按照他的命令杀人的时候，他都会亲自帮忙。喷出的血雾令他陶醉，百看不厌。没有什么比在主持对无数受害者用刑之后更令他兴奋了。在他提供了这么多证明他凶残的证据之后，民众对他肯定是了解的。突然间，要么是为了让自己开心，考验一下俄国人对痛苦的忍耐力，要么是受基督徒忏悔意识的影响（他对神圣的事物装出尊重的样子：伪善本身有时也有奉献的想法，因为作为灵魂的食粮，恩典会不时地降临到最黑暗的心中，直到死亡让他们永世受罚），总之，不管是因为基督徒的忏悔意识、恐惧、心血来潮、倦怠还是为了骗人，有一天，他放下了他的权杖，或者更准确地说，他的斧子，并把皇冠扔到地上。那时候，而且在他漫长的统治期间只有在那时候，帝国才站起来；面临解放威胁的民族才从睡梦中醒来；到那时为止一直是哑巴证人，并且在那么多的恐怖事件中一直充当消极工具的俄国人，才又发出声音；一国民众的声音，假装成天主的声音，突然大了起来，哀叹失去那样一个暴君！他们也许怀疑他的诚意，害怕万一接受了他假装的退位而遭到他的报复。他们对君主的爱，可能源自他们对暴君的恐惧。俄国人对恐惧作了改进，让它喜欢戴上面具。

莫斯科面临入侵的威胁（那个忏悔者很会挑时候）；

人们害怕陷入无政府状态；换句话说，俄国人预见到，他们将无法保护自己免受自由的侵扰，他们将不得不靠自己并且为了自己而去思考，去做决定，去表明他们是人，而且更糟的是，表明他们是公民。其他国家的民众遇到这种情况会感到高兴，但这些人却感到绝望。总之，萎靡、昏乱、沮丧的俄罗斯匍匐在伊凡脚下——它不相信自己，更甚于害怕伊凡——恳请这位不可或缺的主人捡起他的皇冠和带血的权杖，只求他再给它的脖子套上铁轭，那是它永远戴着也不嫌累的。

如果说这是谦卑，那即便是对基督徒来说也太过分了；如果说这是怯懦，那它是不可原谅的；如果说这是爱国，那它是渎神的。宗教让人保持谦卑，奴隶制却贬低人的人格，它们之间的区别乃是圣洁与野蛮的区别。俄国人不得已，甘心牺牲一切来维持帝国的昌盛。可恶的帝国，它的存在若是不以牺牲人的尊严为代价就难以为继！俄国人，既包括伊凡那个时代的，也包括我们自己时代的那些俄国人，让对君主的崇拜蒙蔽了双眼，跪倒在他们亲手制造的政治偶像面前，忘记了对于人类、包括对于斯拉夫人而言，尊重正义和维护真理要比俄罗斯的命运更重要。在这一幕中，我感到我又看到了超自然力量的干预。我问自己，天主给这样一个为了延长自己的寿命而付出如此代价的社会安排了什么样的未来？我常说，在古老的希腊祖先的灰烬下，一个新的罗马帝国正在俄罗斯赫然出现。单是恐惧不会让人的忍耐力那么强。有一种激情在激励着俄国人，那是从罗马人时代以后，没有哪个国家的民众体验过的。那种激情就是野心，一种强大到足以诱使他们为了它所渴望的东西而牺牲一切的、完完全全的一切的野心。正是这条最高法则让一个民族依附于伊凡四世，因为他意味着天主的猛虎，而不是帝国的毁灭。伊凡四世的统治塑造了俄罗斯。在他的统治下，俄国人的政体就是如此，而在他统治期间，受害者的容忍比暴君的狂暴更令我震惊。因为我看到，不管形势如何变化，它始终没有改变；即便是今天，如果世上注定要再出现一个伊凡四世，在类似的统治下还会产生类似的结果。因此，我们对于这幅独一无二的历史画面不免感到诧异：和想要占有世界的人一样胆大而卑劣的俄国人，在伊凡的脚下哭泣，恳求他继续做他们的统治者，而这个人本来是会让无论哪个国家没有陶醉在即将到来的荣耀中的民众憎恶所有的政府的！

所有人都发誓——大人物、小人物、波雅尔、商人，各个社会等级和个人，一句话，整个民族都流着泪发誓，说他们甘愿忍受一切，只要不抛弃他们。这种倒霉透顶的事情是怀着可鄙的爱国心的俄国人唯一不能鼓起勇气去对抗的厄运，因为那样一来必然会带来混乱，而混乱会毁掉他们的奴隶帝国。无耻到这种地步就近乎崇高了：它带有美德的性质，它让这种状态永久保持下去。但这是怎样的一种状态啊！手段玷污了目的。

那头野兽动了恻隐之心，可怜被他折磨了那么长时间的民众，答应继续毁灭他们。他重新掌权，没有做出任何让步，反而提出一些荒唐的条件，全都对他的自负和狂暴有利，尽管这个国家的民众会把它们当成恩惠——他们对奴隶制的狂热就如同其他国家的民众对自由的狂热。这个国家的民众浸泡在自己的血泊中，并希望把自己杀死来供其主人取乐，一旦主人停止杀人就开始不安和战栗。

也许就是从这段时期开始，暴政竟然可以组织得如此井井有条而又充满暴力，以至于在人类历史上都找不到任何可与之相比的先例，能让顺从它的人和实施它的人一样疯狂。君主和国家在这一刻都陷入疯狂，而这种疯狂的影响至今犹在。

巨大的克里姆林宫，连同它所有的联想，它的大铁门，它的神秘的地下通道，它的高耸入云、不可逾越的围墙，在那个失去理性的君主看来，作为庇护所太不坚固。他想要灭掉一半臣民，那样一来，他就可以稳稳当当地统治另一半。在他可怕的内心，有一种莫名其妙的恐怖——因为它根本没有明显的动机——与毫无目的的暴行结合在一起。最丢人的恐惧感成了最盲目的暴行的理由。又一个尼布甲尼撒——那个变成一只胆小的老虎的国王。

他先是隐居在克里姆林宫附近一座坚固的宫邸，然后又隐居到一个偏远的地方——亚历山德罗夫—斯洛博达。这座宫邸成了他惯常居住的地方。正是在那里，他从自己最鲜廉寡耻的奴隶当中挑选了一支一千人的卫队，称之为"特辖军"。他连续七年把俄国人的财产和生命完全交给这支可怕的军团；我可以增加一下俄国人的荣誉，如果这样一个字眼在必须剥夺其言论自由，以便照其愿意的方式去统治他们的那些人当中还有意义的话。

卡拉姆津对1565年的伊凡四世，即加冕后十九年的伊凡四世，是这样描写的：

> 这位君主身材高大而匀称，有着宽阔的肩膀和胸膛，肌肉发达的双臂，漂亮的头发，长须，鹰钩鼻子，灰色的小眼睛，但炯炯有神，目光锐利，总之，整个长相曾经十分讨人喜欢，可此时却变得让人几乎认不出了。他的丑脸露出阴沉的凶相。他目光呆滞，脑袋差不多已经秃了，只有下巴上还有几根胡须——这是吞噬他灵魂的狂暴所造成的令人费解的后果！再次列数波雅尔的罪过之后，他重申他同意继续执政，并详细规定了王公们必须履行的义务，要求他们在各自的领地上不要惹是生非，而且为了做到这一点，应该采取一切他们认为必要的措施。他还阐述了人生的虚无，以及思想不朽的必然性。

最后，他建议设立当时还没有听说过的特辖区。

　　沙皇宣布他会在公爵、缙绅以及波雅尔的后代（作者附释：一支五千人的队伍，君主的承租人，由伊凡三世设为低等级的贵族。）中挑选一千名侍卫，而且他会在自己的领地上给他们封地，而封地实际上的业主会被迁到别的地方。

　　他在莫斯科占据了几条街道，把没有列入那一千人名单的缙绅和官吏从那里赶走了。

　　他好像对克里姆林宫令人敬畏的联想和自己祖先的墓寝怀有仇恨似的，拒绝住在伊凡三世的豪华居所。他在那座城堡的城墙外面又建了一座宫殿，筑有坚固的护墙。这个新的居所住着沙皇的一千名侍卫，他们组成了伊凡四世特殊的宫廷，名为特辖区[1]。

接下来，我们看到对波雅尔的屠杀又开始了。

　　2月4日，沙皇在小城亚历山德罗夫提出的条件在莫斯科得到了满足。他们开始处决所谓的叛国者，罪名是勾结库尔勃斯基，谋害君主、皇后阿纳斯塔西娅以及他们的孩子。第一个受害者是著名的总督亚历山大·戈尔巴蒂—舒伊斯基公爵，他是圣弗拉基米尔、弗谢沃洛德大帝和古苏兹达尔王公的后代。这个拥有出色的天赋和军事技能，对宗教和祖国同等热爱，而且为削弱喀山王国立过大功的人，连同其十七岁的儿子彼得一起被判了死刑。（作者附释：这些人在处决时没有受过刑，这样的好运让当时许多人非常羡慕。）他们手拉手来到刑场，毫不畏惧，脸色平静而庄重。那个年轻的

1　"特辖区""特辖军"来自同一个词 oprichnina，这个词也可指宫廷，如克柳切夫斯基的《俄国史教程》中说，"为了惩治叛国欺君者和不服从命令者，沙皇建议设立沙皇特辖区。这是沙皇给自己设立的特殊的宫廷……"

贵族可能是不想亲眼看到给予他生命的人的死亡，便抢先引颈就戮，但他的父亲拦住他，突然激动地说道，'不，我的儿子，我不想看到你死去！'年轻人让步了，于是，公爵的头颅立刻被砍了下来。他的儿子把它捧在手里，不断地亲吻，然后抬眼望向天空，镇定地等候刽子手的一击。一同被处死的还有其他许多贵族。舍韦列夫公爵被钉在木桩上。据说这个受害者在酷刑之下拖了一整天才死去，但他从宗教中获得了力量，唱着赞美诗忘记了痛苦。还有其他许多缙绅的庄园被没收，人被流放。

在同一本书里，卡拉姆津还描述了沙皇组建新卫队的方式。它早就不止一千人，也不只是从上层阶级中挑选的。

他们挑选年轻人的唯一要求就是胆大和堕落，这一点在他们的寻欢作乐中得到了证明。寻欢作乐让他们乐意做任何事情。伊凡盘问有关他们出身、朋友和保护人的情况。尤其是要求他们与大波雅尔不能有任何联系。出身毫无名气，甚至卑微，是个优点。沙皇把他们的人数增加到六千人。他们发誓为他效力，无论是做什么事和对付什么人。他们发誓告发叛国者，发誓不与平民，也就是没有被特选军团录用的人有任何联系，发誓在为君主效力时六亲不认。作为回报，沙皇把一万两千名业主的土地以及房子和动产都赏赐给他们。原先的业主被赶走，一贫如洗。他们中的很多人——其中有些人在为国效力时表现还十分突出，身上布满荣誉的伤痕——不得不带着妻儿老小，在冬天徒步出发，到遥远荒僻的地方寻找别的栖身之所……

还是在卡拉姆津的书中，我们可以读到这种可怕的制度造成的后果。但现有的记述比较有限，没有用历史的细节来填充这幅画面。

这帮土匪一旦被放出来，就会到处杀人和抢掠。商人和市民、波雅尔和农民，总之，所有只要不是特选的人，那就都属于特选的人所有。这支可怕的卫队就像一个单个的人，而皇帝就是他的灵魂。功绩、出身、财富、美貌，任何形式的长处都会为拥有者招来灾祸。长相迷人而且很不幸又被认为贞洁的年轻女性，被掳走充当沙皇及其残忍的亲信的玩物。那个君主把她们扣在他的贼窝，直到把她们玩腻了，这时，她们要么会被专为她们发明的酷刑弄死，要么被送回去，在丈夫和家人中羞愧而死。这还不算完。煽动了如此恶行的那个人还逼迫自己的儿子们加入他罪恶的狂欢。他用这种挖空心思想出来的暴政，连愚昧的臣民的未来也剥夺了。

想要好的统治，那就必须谋反；再说，伊凡教唆人们寻欢作乐也是在判处另一种死刑——它从最深处宣布这是个堕落的深渊。他在毁灭灵魂的行为中找到了办法，缓解毁灭身体所带来的疲惫感，尽管他还在继续毁灭。这就是消遣时的暴君。

在公共事务的管理上，这个魔鬼的表现令人费解，时而充满力量，时而胆小怯懦。只要他感觉是最强的，他就威胁他的敌人；可一旦被打败，他就哭泣、哀求、低三下四，给自己和臣民丢脸。但是，就连这样，就连公开的羞辱，也就是对没有尽到对自己责任的各民族最后的惩罚，也没有让俄国人睁开眼睛。

克里米亚汗火烧莫斯科的时候，沙皇逃走了。等到他回来，他的首都已化为灰烬，而与敌人相比，他的回来给剩下的居民造成了更多的恐慌。可是没有人吭声，提醒那位君主他是男人，提醒他作为君主擅离职守是犯罪。波兰人和瑞典人接连见证了他的过于傲慢和过于胆怯。在与克里米亚汗谈判的时候，他卑躬屈膝，竟然要把喀山和阿斯特拉罕交给鞑靼人，而那是他以前非常光荣地从他们手里夺来的。他在晚年时还把用鲜血换来的利沃尼亚，把他的臣民多年奋斗的结果，交给了斯特凡·巴托里[1]。虽然首脑干出了这些卖国的勾当，但一向逆来顺受的俄国人还是毫不犹豫地乖乖听话。

在这种统治下，西伯利亚可以说是由莫斯科大公国英勇的冒险家们首次发现并征服的。把那个暴政的工具留给继任者，是伊凡四世的命运。

伊凡对英格兰的伊丽莎白有一种本能的同情。这两头

1　斯特凡·巴托里（Stephen Batori，1533—1586），波兰国王，在旷日持久的利沃尼亚战争中率兵打败了俄军。

野兽相隔甚远，却能相互理解。这和他们的性格相似有关，虽然他们处境不同，做事也不一样。伊凡四世是放出来的老虎，而伊丽莎白是关着的老虎。

莫斯科大公国的暴君一直幻想有人要谋害他。他写信给亨利八世那个残忍的女儿，玛丽·斯图亚特的获胜的对手，恳求在他万一遇到不幸的时候在她的国家为他提供栖身之所。她给他回了一封情深意切的长信。卡拉姆津只按照原文引用了这封信的部分内容。他说信保存在俄罗斯档案馆。我照原文翻译了他给我们的几段英文的内容。

> 致最高、最伟大的君主，全俄罗斯最高统治者、朕亲爱的兄弟伊凡·瓦西里皇帝和大公。
>
> 如果哪天因为某个偶然的事件，因为某个阴谋，或者因为某个外国的敌对行动，您真的被迫离开您的国家，而且在这样的情况下，希望与您尊贵的皇后以及您亲爱的孩子们一道来到朕的国家，朕将会以对待一位伟大的君主所应有的方式，非常荣幸和热情地接待陛下以及陛下的随从人员。您可以和您带来的所有人一起，自由地去过安静、平和的生活。而且您可以自由地按照你们愿意的方式信奉你们的基督教，因为朕无意冒犯陛下以及陛下的任何臣民，也无意以任何方式干涉陛下与良心与宗教有关的事务。
>
> 朕会在朕的王国指定一个地方，您可以住在那里，并由您自己管理，只要这样会让您高兴与朕在一起。朕用这封信，用一个基督徒最高统治者的话做出上述承诺。为示郑重，朕，伊丽莎白女王，当着朕的贵族和顾问的面，亲手签署这封信：
>
> 尼古拉·培根骑士（那个有名的哲学家的父亲），朕的

英格兰王国的大法官；

    威廉·洛德·帕尔，北安普敦侯爵，嘉德骑士；

    阿伦德尔的亨利伯爵，上述骑士团的骑士；

    罗伯特·达德利，登比勋爵，莱斯特伯爵，掌马官，嘉德骑士。

后面还有几个人的名字，最后一个是国务大臣塞西尔。在信的末尾，女王又添了这么几行内容：

    期待我们联手对付共同的敌人，只要上帝允许朕活着，朕就将遵守这封信中所有的约定，这一点朕以自己的话和王室的诚信再次确认。

              签署于朕之汉普顿宫，朕在位第十二年，

                  公元 1570 年 5 月 18 日。

    沙皇终生都保持着这种友谊，他甚至一度差点儿第八次结婚，迎娶英格兰女王的亲戚玛丽·黑斯廷斯，但伊凡四世的名声对于他想要迎娶的人，并不像对于充满男子气的伊丽莎白那么有吸引力。幸好没有多少心灵会受野蛮魅力的引诱。

    与这件婚姻大事有关的协商过程是一个叫罗伯特·雅各比的英格兰宫廷内科医生透露的。伊凡四世死前不久，伊丽莎白把他和几名外科医生以及药剂师一起派到她"亲爱的兄弟"那里。这些往来足以说明专制主义和从那以后成了英格兰头等大事的商业利益的冲动在两个暴君之间建立起来的感情的性质。现在我必须结束对伊凡暴政的描述了。

有一天，他突发奇想，穿上修士的衣服，还让与他一道寻欢作乐的同伴们也穿上同样的服装。尽管有了这身行头，他依旧继续为非作歹，干着伤天害理、没有人性的事情。他试探他的臣民，让他们陷入绝望，但这样做是徒劳的。对于主人难以餍足的残忍，奴隶们继续报以毫不动摇的顺从。没有什么可以扑灭他们对于奴役的渴望。能把服从做到如此过分的地步，原因不在于忍耐，而在于激情。这一点让人茅塞顿开。

在还年轻的各个民族当中，有一种很实际的相信天主无处不在的信念，有一种很强烈的认为世间哪怕是最小的事情也有天主干预的意识，因此，人事的进程被认为根本不是由人引起或掌控的，所有发生的事情皆是出于天意。对于渴望成为天主选民的人来说，生命似乎毫无意义。把它拿走的人是在行善而不是作恶。失去的很少，得到的很多。美德是暴政唯一无法从人那里夺走的东西，而与美德必定可以得到的回报相比，拥有整个世界又算得了什么？刽子手只会让受害者虔诚的顺从变得神圣，从而使受害者的财富增加百倍。

这样的理由让人们对无条件的服从充满激情。但这种危险的宗教从来没有产生过像在俄国看到并仍将看到的那么多执迷不悟的人。

想到在这里宗教真理会被这样用来促进尘世的利益就觉得十分可怕。如果人可以跪在天主面前请求得到一项恩惠，唯一的一项恩惠，那他会很乐意承认，他的最高智慧的阐释者永远是自由的人。有奴性的神父肯定是骗子、叛教者，而且还可能变成刽子手。所有的国家教会都支持教会分裂和独立。所有真正的神父都是世界公民和天国的朝圣者。作为人，他没有把自己放到超越国家法律的地位；作为传教者，他只把主教中的主教，即世上所能找到的唯一独立的大祭司作为其信仰的审判者。正是教会有形首脑的独立性保证了所有天主教神父司铎的尊严，也正是它让教宗有望保持永恒的权力。如果其他神父都意识到自己使命的神圣性，他们就会返回到母教会。那时他们就会哭泣，为自己的叛教无地自容。那时世俗权力就再也找不到鼓吹者，为它插手属灵的事务辩解。分裂和信奉异教的那些国家教会，就会让位于天主教这个属于人类的宗教，因为夏多布里昂先生有句话说得非常好："新教是王公们的宗教。"

不过，必须记住，虽然俄国神职人员的怯懦是出了名的，但是在伊凡四世令人费解的统治期间，正是宗教力量抵抗的时间最长。后来，彼得一世和叶卡捷琳娜二世替他们的前辈报了仇。牺牲完成了，贫穷的、屈辱的、卑微的、结了婚的、失去了最高精神首领的，失去了所有精神影响力的俄国神父，不过是行尸走肉，跟在他依然称之为主人的敌人的凯旋彩车后面。由于彼得和叶卡捷琳娜的持续努力，他已经变成独裁统治的最卑微的奴隶。伊凡的情绪平息了。从帝国的一端到另一端，天主的声音再也不会高过皇帝的声音。

这就是国家宗教不可避免的最终的命运。具体情形可能各有不同，但道德上的凄苦无助到处都一样：神父退位，国家夺权。制造教派就是为了奴役基督意志的执行者。在所有从主干上分离出来的教会中，神父的良心都属于虚幻的力量；从那以后，信仰的纯洁性就掺了假，而博爱，圣徒心中燃烧的天国之火，则退化为纯粹的人道。恩典让位于理性，而在信仰问题上，理性不过是世俗权力虚伪的辅助工具。结果，所有新教的牧师，所有教派的教师，都对天主教神父抱着深仇大恨。所有人都把天主教神父看作唯一的敌人，因为只有他是神父，只有他在教导，其他人只是哀告。

要完成对伊凡的描述，我们必须再次求助于卡拉姆津。我要用他历史著作中最有特色的几段话作为结尾。

在讲了有关卓越的争论还在宫廷进行（那是这个兽穴中的规矩）之后，他评论说："但是，如果说沙皇对于在指挥官当中发生的有关优先事项的争论假装看不见，那他对于他们在军事指挥上的失误却绝对不会原谅。例如，在围攻米尔滕时，高级军官米哈伊尔·诺兹德洛沃蒂公爵因为指挥不力而在马厩里受到鞭笞。"

这就是沙皇对于贵族和军队尊严的理解。

此事发生在 1577 年，让我想起了俄国当代历史上的另一件事。在这个国家，过去与现在的区别可能不像有些人想的那么大。事情发生在康斯坦丁大公统治下的华沙，当时在位的是亚历山大皇帝，历代沙皇中最仁慈的沙皇。

一天，康斯坦丁正在检阅他的卫队。为了向外国人证明俄军纪律严格到什么程度，他从马上下来，走近他的一位将军，一言不发，平静地把剑戳进他的脚里。那个将军一动不动，没有一句怨言。大公把剑收起之后，那个将军被人扶走了。这种奴隶般的坚忍证明了鼎鼎大名的加利亚尼神父的说法。他说："勇气不过是非常极端的恐惧！"

旁观者眼睁睁地看着这一幕，那是发生在十九世纪华沙的公共广场！

所以说，我们时代的俄国人真不愧是伊凡臣民的子孙。不要找借口，说康斯坦丁是疯子。如果他真是疯子，那人们肯定知道，因为从年轻时开始，他在公开场合就有类似的疯狂举动。因此，在有了那么多精神不健全的证据之后，仍然让他去指挥军队和管理国家，乃是用最令人反感的方式，宣布对人类的蔑视。但我不相信康斯坦丁这样做是因为他疯了；我在他的一生中只看到残忍、疯狂的暴行。

常有人说，疯狂在俄国皇室中是遗传的。这是在夸奖他们。我认为那种疯狂在于政府的性质，而不在于个人身体的缺陷。长远来看，绝对权力事实上一定会扰乱哪怕是最健康的人的理性。专制主义会蒙蔽人民和君主的眼睛。俄国的历史似乎证明了，甚至说，演示了这个道理。我们继续摘录卡拉姆津书中的内容。接下来我们会看到，有位使节公开承认，他赞成暴政中可耻的偶像崇拜。

1576 年，作为使者被派到马克西米连皇帝那里的索戈尔斯基公爵，在途经库尔兰时病倒了。出于对沙皇的敬意，库尔兰君主派侍从几次去问候他的健康状况。那个病人总是说，"只要我的君主身体好，我的健康不算什么。"最后，感到惊讶的侍从问他，"您怎么会如此热忱地为那样一个暴君效劳呢？"索戈尔斯基公爵回答说，"我们俄国人对我们的沙皇，不管好坏，都是忠心耿耿。"为了证明他的话，这个有病在身的使者还说，不久前，伊凡因为一点点小的纰漏让人把一个贵族钉在木桩上，那个可怜的人在酷刑中挺了二十四小时，一边与妻子、孩子说话，一边不停地祈祷，"伟大的天主，保佑沙皇！’”（作者附释：受害者对暴君的这种忠诚似乎是亚洲人和俄国人特有的狂热。）

卡拉姆津本人补充说，“俄国人引以为荣的恰恰是外国人所责备他们的——对君主意志盲目并且是没有底线的忠诚，即便是在他行为乖戾、践踏所有正义和人道的法则时。”

很抱歉，我不应当冒昧增加这些奇怪的引文。不过，我要再举一个例子，是沙皇与他一个手下通信中的例子。

克里米亚汗俘虏了伊凡的宠臣瓦西里·格里亚兹诺伊，并提出用他来交换穆扎·迪维，可沙皇不愿接受这一建议，虽然他为格里亚兹诺伊的命运感到悲痛，还给他写了几封很友善的信。他在信中习惯性地取笑那个倒霉的宠臣所作的贡献。他说，“你以为和鞑靼人交手容易得就像和我坐在一起开玩笑那样。他们和你们俄国人很不一样。他们在敌人的国家是不会睡大觉的；他们不会不停地对自己说该回家了！当你认为你可以让人以为你是个大人物的时候，你的想法多么可笑！不错，因为不得不与朕周围背信弃义的波雅尔保持距离，朕把像你一样卑微的奴隶召到身边，可你不要忘了你的出身。你怎么敢把自己与迪维相提并论？自由会让你再次过上舒服的日子，可同时它也会把对付基督徒的利剑交到他的手里。我愿意为你支付赎金，愿意保护热忱地为我服务的奴隶，那应该就可以了。”

那个奴隶的回复值得主人写的这封信。它不仅描绘了一颗卑贱的心灵，还透露出俄国人在外国领土上干的间谍勾当。回信的内容如下：

> 大人，我在这片敌对的领土没有睡大觉。我执行了您的命令；我收集了对维护帝国安全有用的情报；我谁也不信，而是夜以继日地监视。我被抓住了，因为我受了伤，结果被带着武器的胆小的同伴们丢下了。战斗中，我杀死了一些基督教的敌人，而且在我被停期间，我杀死了几个要害您的俄国的叛徒。他们是我徒手偷偷弄死的，现在这个地方一个活的也没有。（作者附释：在尼古拉皇帝的宫廷中，有个大贵族每天都能看到，人们背地里叫他"囚犯"。）过去我在桌上讲笑话只是为了让我的君主开心，现在我要为天主而死。我到现在还能喘气，正是因为天主特别的恩惠；我热忱地为您效力的劲头让我盼望我能回到俄国，为的是还能让我的君主开心。我身在克里米亚，但我的心和天主还有陛下在一起。我不怕死，我只怕您不高兴。

这就是沙皇与他手下友好的通信。

但是，在这种丑恶的统治中——说它丑恶，尤其是因为它持续的时间长，而且十分牢固——所有的事情都因为登峰造极的罪行而被人淡忘了。

我们已经说过，一听到波兰这个名字就吓得发抖的伊凡，把利沃尼亚省几乎是拱手交给了巴托里，而那是与瑞典人、波兰人以及当地居民拼命争夺了很多年的一个省。对俄国来说，利沃尼亚是欧洲的门户，是与文明世界沟通的渠道。它自古以来就是历代沙皇觊觎的对象，也是莫斯科大公国人奋斗的目标。由于恐惧症莫名其妙的发作，那个最傲慢同时又最胆小的君主把这个猎物丢给了敌人，不是因为在战争中的惨败，而是不由自主地笔头一点，而且是在拥有数不清的军队和用不完的财富的情况下。

伊凡四世对皇太子，即他的爱子关怀备至。他是伊凡按照自己的模样，在进行犯罪活动和最无耻的寻欢作乐时养大的。一想到父皇的卑劣行为，皇太子就感到丢人。他十分了解伊凡的为人，所以不敢有半点异议，而是小心翼翼地避免说出任何听起来好像责备的话，因此，他只是请求允许他去和波兰人作战。"啊，你指责我在政治上的做法！这是叛逆！"沙皇回应说，"谁知道你是不是已经想好了计策，要举起大旗造我的反！"

于是他勃然大怒，抓起铁头权杖恶狠狠地击打儿子的脑袋。有宠臣试图按住伊凡的手，但这个暴君打得更凶了，最终，皇太子受了致命伤，倒下了。

伊凡一生中仅有的感人的一幕在这里开始了。

这位君主痛苦至极，躺了一天多。沙皇一看到自己亲手打死了他在世上的至爱，便陷入与其可怕的愤怒一样狂暴的绝望。他在地上打滚，嘴里发出凄厉的嚎叫。他亲吻着不幸的儿子的伤口，血泪模糊地乞求天地把他亲手毁掉的生命还给他。他召来医生和巫师，许诺谁能救活他的继承人就给谁财宝和头衔。那可是他唯一疼爱的人——伊凡四世的疼爱！

一切都是徒劳的！不可避免的死亡临近了。天主对父子俩作出了审判：儿子的死乃属命中注定。但他受折磨的时间很长，伊凡难得一次学会了体会他人的痛苦。受害者非常痛苦地挣扎了四天。

可你想这四天是怎么过的？你想这个先是被自己父亲领上邪路、后来又受到他无端怀疑和侮辱并被他杀死的儿子，会怎样为自己报仇？他临死前是在为那个父亲向天主祈祷，是在安慰他，是在为他辩解，是在用最好的父亲才配有的那种儿子的体谅的口气，反复地对他说，他的惩罚严厉是严厉了点儿，但并不是不义的。因为作为儿子，哪怕是在内心暗暗地责备头戴皇冠的父亲，都是该死的。

在最后的挣扎来临之际，这个不幸的儿子只想着不要让那个杀害他的人，不要让那个他当作最好的父亲和最伟大的君王一样崇拜的人，看到他临死前的痛苦，于是他恳求沙皇回去休息。

因为悔恨而神志不清的伊凡没有听从这个垂死之人的请求，而是先扑倒在床上，然后又双膝跪倒在他的受害者面前请求他原谅，这个孝顺的儿子在责任感的推动下，又开始回光返照。已经被死神抓住的他，在和正把他拽走的力量搏斗。他鼓起奇迹般的气力，非常庄重地重复说，他的死是罪有应得，而且死亡的惩罚太轻了。他凭借灵魂的力量、孝敬以及对君主的尊重，成功地掩盖了他的痛苦。他没有让父亲看出身体的痛苦，青春的活力在那里面与毁灭进行着殊死的斗争。这位斗士体面地倒下了，给予他力量的不是可鄙的自负，而是仁慈所做出的努力，而这种努力的唯一目的，就是让一位有罪的父亲少一点悔恨。他直到最后都在表明他忠于俄罗斯合法的君主。他终于死了，死时亲吻了打死他的那只手，感谢了天主、祖国以及他的父亲。

在这里，我的愤慨全都变成发自内心的惊讶。我赞美人类灵魂惊人的力量，它能不顾最邪恶的习惯和制度，到处响应神圣的召唤。然而我又感到犹豫，唯恐奴隶的奴性可能没有跟随凯旋的殉道者，哪怕是走向天国的大门。

不，这不可能！死亡不会奉承人，在俄国也不会。因此，这个关于超自然的美德的例子，向我们证明了一个美丽的、值得拥有的真理，即最堕落的社会的所作所为不足以破坏天主原来的计划，而人作为柏拉图所说的堕落天使，永远可以变成高尚的圣徒。

这是怎样的悲剧啊！罗马，无论是异教徒还是基督徒，从来没有发生过比伊凡四世的儿子与他父亲漫长的告别更高尚的事情。

如果说俄国人不知道怎样才能合乎人道，那他们有时知道怎样高飞于人道之上。

卡拉姆津怀疑沙皇的哀恸是否发自内心。的确，它只持续了很短的时间，但我相信它是真心的。

不管怎样，这件事并没有让那个魔鬼的性格变得温和一点。他一直到死都沉溺于最荒淫无耻的行为，继续让自己沾满无辜者的鲜血。

临死的时候，他几次让人把自己抬进存放财宝的房间。在那里，他那黯淡无光的眼睛贪婪地看着珠宝和毫无用处的黄金。他无法把它们一起带到阴间。

像老虎一样活了一辈子之后，他像个色鬼一样死了。他用令人作呕的行为，侮辱了他的儿媳，一个高尚、纯洁的天使。她是他的次子费奥多尔——他在沙皇长子死后便成了帝国的继承人——年轻而贞洁的妻子。这位年轻的女士走近那个垂死之人的床边，想在他的最后时刻安慰他，结果有人看到她飞也似的跑掉了，一边跑一边发出惊恐的尖叫。

就这样，伊凡四世死在了克里姆林宫，而且难以置信的是，整个民族，不论是大人物还是小人物，不论是俗人还是神职人员，都为他哀悼了很长时间，仿佛他曾是最好的君主。

必须承认，这些同情的标志，不论是不是自发的，对于贤明的君主来说，没有一点鼓励的作用。不过，就让我们从历史中吸取这一教训吧：不受限制的专制统治，对于人心有着和酒一样的陶醉作用；暴君的疯狂会传染给奴隶；而更令人惊讶的是，受害者成了刽子手充满热情的帮凶。

一部关于这个国家的翔实的历史，或许会成为可供人类思考的最有教益的书籍之一，但它是不可能编出来的。卡拉姆津尝试了这项工作，对他心目中的几个模范阿谀奉承，但他就写到罗曼诺夫家族的人继位之前。我所描绘的这个模糊而简略的轮廓，足以让人了解思想不由自主地将其与阴森森的克里姆林宫围墙联系起来的人和事。

读者此时会在一定程度上体会到看见那座巨大的俄国要塞时的感受，但是，对于它的外形，单单一个画家就可以传递某种明确的概念。艺术没有任何名字可以表示这座阴森森的城堡中建筑的特色。它的宫殿、监狱和教堂的风格，不同于任何已知的建筑式样。克里姆林宫既不是哥特式、古典式、摩尔式，也不是纯粹的拜占庭式。它既不像阿尔罕布拉宫[1]，也不像埃及、印度、中国、希腊或罗马的建筑杰作。如果可以这么说，那它是按照沙皇风格建造的。伊凡是典型的暴君，克里姆林宫是典型的暴君的宫殿。沙皇是克里姆林宫的居住者，克里姆林宫是沙皇的住宅。我对新杜撰的词，尤其是对我自己杜撰的那些词没有什么兴趣，但对于旅行家来说，沙皇风格的建筑是一个必不可少的描述性的术语。其他的词语都无法描绘出它为那些实际上知道沙皇这个词意思的人所描绘出的东西。

假如有一天，因为发烧的缘故，梦见你走过在你眼前来来往往的奇怪的人们的居所，那你对这座巨人之城——它的大建筑就这样矗立在凡人之城的中央——就会有点认识了。拉马丁[2]先生曾经想象过克里姆林宫。他没有见过它，但他在描写大洪水前的巨人之城时，在《天使谪凡记》这部作品中描绘过它。《天使谪凡记》写得有点仓促，但是，也许正因为这种灵感来临后的仓促，它包含了最高级的美，可以说是诗中有画。

在所有的文明人中，俄国人的公平意识最为淡漠，最

---

1 阿尔罕布拉宫（Alhambra）在西班牙南部的格拉纳达，是 13—14 世纪的摩尔人宫殿。

2 阿尔方斯·德·拉马丁（Alphonse de Lamartine，1790—1869），法国浪漫主义诗人、历史学家和政治家。

为模糊。因此，他们给伊凡四世起绰号叫"恐怖"——在此之前，他们曾把这个绰号作为一种赞美给了他的祖父伊凡三世——这无论是对那位值得称道的君主还是对那位暴君，都不公平。下面的内容摘自卡拉姆津的著作：

> 有人会说，在民众的记忆中，伊凡辉煌的名声比对他坏品质的记忆存在的时间更长。呻吟的声音听不到了，受害者化为了尘土；新的发展导致古代的传统被人忘记了；对这位君主的记忆让民众想起的只有征服了三个蒙古王国。能证明他暴行的证据都埋藏在公共档案中，而喀山、阿斯特拉罕和西伯利亚在国人的眼中，依然是能够证明他荣耀的不朽的丰碑。俄国人认为他为了他们的强大和文明做出了卓越的贡献，因而不愿接受或者忘记了这位暴君的同时代人给他的绰号。因为有关他残忍的记忆有点混乱，他们仍然称他"恐怖的伊凡"，却没有把他和他的祖父区分开来。古代的俄罗斯给他祖父的同样的称号，更多是襄扬而不是责备。历史不像民众那样轻易地宽恕无道的君主。

就这样，在"恐怖"的名号下，伟大的君主和魔鬼混为一谈！而这就是后人做的事情！这就是俄国人的公平，而时间也成了这种不义之事的帮凶。拉沃在描写克里姆林宫时，厚颜无耻地为伊凡四世招魂，竟然把他比作为了年轻时所犯的错误而哭泣的大卫。

在这里，我不禁要插入另外一段卡拉姆津书中的话，说明俄国引以为荣的一位君主，也就是伊凡四世的祖父伊凡三世的性格。

> 他不像他的孙子那样是个暴君，他天生有点严厉，但他知道怎样借助理性的力量来缓和这种严厉的性格。王朝的奠基者极少会多愁善感。成就大事所必需的强硬，与严厉非常相似。据说，在伊凡发怒的时候，他的一瞥能让胆小的女人晕厥；请愿者不敢走近他的宝座；而即便是在餐桌上，达官显贵们也会在他面前瑟瑟发抖：当这位君主说话说累了，加上不胜酒力，在宴会快结束时睡着了，所有人都不敢说一句话，不敢有一点响动，就那么干坐着，等候新的旨意，为的是让沙皇高兴，也让自己高兴。

现代俄罗斯帝国的真正奠基者正是伊凡三世，用石头重建克里姆林宫围墙的也是他。

卡拉姆津对伊凡三世的描述，证明了那位伟大的君主所言不虚："我愿意把俄罗斯给谁就给谁。"这是伊凡三世为了让他第二个妻子所生的儿子上位而剥夺了他孙子的继承权、但波雅尔们又要求把王位交给他的孙子时的答复。直到现在，在俄国，合法性都取决于沙皇的高兴。

彼得大帝确认了伊凡三世的这一原则。他和那位君主一样，随意地指定继承人。他还像伊凡四世一样，处死了自己的儿子。他还杀了一些神父以及其他人，因为他们怂恿年轻的皇子抵制被新俄罗斯帝国残忍的奠基者当作最神圣的义务责令推行的从西方输入的文明。以下内容摘自塞

居尔伯爵将军的《俄罗斯及彼得大帝史》：

沙皇是在 1716 年那样宣称自己在所有的法律之外和之上的，就好像他正在准备 1718 年那场玷污了他名声的可怕的政变。

1716 年 9 月，为了逃离尚处于初创期的俄国人的文明，阿列克谢到欧洲文明中寻求庇护。他得到奥地利的保护，并与情妇一起隐匿在那不勒斯。

彼得发现了他隐居的地方，于是便写信给他。信的开头是指责，结尾则是凶狠的威胁，如果他不服从送给他的命令的话。信中还有这些话："难道你是怕我？我以神的名义，以末日审判的名义，向你保证，向你承诺，如你顺从我的意志，回到这里，我不但不惩罚你，还会比从前更爱你。"

有了父皇这一郑重的保证，阿列克谢于 1718 年 2 月 3 日回到莫斯科。第二天他就被解除武装抓了起来，受到审问，并被褫夺继承的资格——包括他后代的资格——关进一座要塞。

在那里，拥有绝对权力的父亲，违背自己的承诺，连同所有的自然法，以及他本人给帝国颁布的法律，开始使用在残忍程度上堪比宗教审讯的政治审讯，夜以继日地折磨这个胆小而不幸的皇子。沙皇想尽办法，用各种各样恐怖的手段折磨他，逼他交出他的朋友和亲人，甚至包括他的亲生母亲。

这一漫长的罪恶持续了五个月。头两个月，很多贵族被流放，儿子被剥夺继承权，姐姐被投进监狱，妻子遭到羞辱和鞭笞，内弟被处死。这还不够。一天，一个名叫格列博夫的俄国将军，据说他是被废皇后的情人，被钉在断头台中央的木桩上。断头台的四个角摆了四颗头颅，一名主教，一名波雅尔，以及其他两名显贵，他们在砍头之前已经在轮子上被敲碎了。这座可怕的断头台四周还围了一圈树桩，另外五十名神父和市民已经在上面被砍了头。沙皇在场地中央冷冷地踱着步。据说因为残忍的心理还未满足，他甚至登上断头台，看看格列博夫是不是真的很痛苦，而后者示意他走近一点，然后把一口痰吐在他脸上。

与此同时，那个主要的受害者依然在颤抖并且与世隔绝。彼得让人把他从莫斯科的监狱转移到彼得堡的监狱。

正是在那里，他继续折磨儿子的心灵，逼他交代与恼怒、忤逆以及谋反有关的一点一滴的往事。每次听到儿子招供他都为自己感到庆幸，并逐日把那些话一字不漏地记录下来，反复琢磨，直到借助于某种想象，终于发现了一个惊天大案。

于是，他把自己的爪牙召集起来，把就像他说的"儿子针对父亲和君主的一长串闻所未闻的罪行"交给他们。"只有他有权审判他，他让他们帮忙是因为他害怕永世受罚，因为他已经答应过宽恕他的儿子，并以天主审判的名义对他发过誓。所以，为了不连累国家，要由他们去主持正义，而不用考虑是什么出身或什么人。"这条可怕的、表达得很清楚的命令，用心之险恶的确非常明显：审判者在决定他儿子最后是否只应该受到轻微的惩罚时，用不着讨好他或者担心让他丢脸。

奴才们明白主子的意思。多达一百八十个国家显贵听从了他的命令。他们毫不犹豫地一致同意判处死刑。

没有任何力量能够阻止皇帝的意图。可以平息人的愤怒的时间不能，悔恨不能，哀求者的悔罪、顺从和瑟瑟发抖的软弱也不能。可以让外敌心肠变软并放下屠刀的东西，对于一位父亲的心肠却毫无作用。相反，就像他控告并审判了他的儿子一样，他还决心做他的刽子手。1718 年 7 月 7 日，即判决后的第二天，他带着手下的贵族去收取他最后的眼泪，当时他自己也哭了。正当人们以为他终于回心转意的时候，他叫人去拿毒药，毒药是他事先让人准备的。他变得越来越不耐烦，于是又派人去催。他是让人把它当作对健康有益的药物拿来的，而且一直到他毒死了那个不幸的、仍在求他宽恕的年轻人，他都没有退下——伤心欲绝，的确是的。（作者附释：为受害者哭泣乃是俄国人性格的一大特点。）然后他说他的受害者——他在剧烈抽搐了几个小时之后气绝身亡——是在听到宣判后吓死的。这种欲盖弥彰的说法，是他认为对他那些扈从的冷酷的心灵来说，唯一必要的掩饰。但他建议他们保持沉默，而该建议遵守得非常好，要不是一个外国人、一个目击者、一个甚至是这出可怕的戏剧中的演员的回忆录，历史永远都不会知道这些可怕的决定性的细节。

第二十七封信

莫斯科，8 月 11 日

英国俱乐部·各国的重新结合·莫斯科怪异的建筑特色·斯塔尔夫
人的话·旅行家没有名气的好处·基泰哥罗德·维维日的圣母像·瓦
西里·柏拉仁诺教堂·神圣的大门·信仰之于怀疑的好处·圣母升
天大教堂·外国艺术家·伊凡大帝塔·基督升天修道院·珍宝馆内部·冠
冕和宝座·沙皇的珍宝·对比·摩尔式官殿·克里姆林官的新工程·对
这座要塞的亵渎·尼古拉皇帝的错误·迁都莫斯科·从克里姆林官
看到的莫斯科的景色·对法国军队的回忆·拿破仑的话·英勇行为
在俄国的危险性·罗斯托普钦·拿破仑的垮台·对他性格的评论

眼睛的炎症渐渐消了，所以我昨天从笼子里出来，到
英国俱乐部吃饭。那是一种餐馆，要想进去，须有会员介
绍，而该社团是由莫斯科最显要的人物组成的。这种做法
是新近从英国人那里学来的，就像我们巴黎的"圈子"。

在现代欧洲频繁而便利的交往中，人们不知道到哪里
找到原创性的礼俗，以及可以被看作是性格的真实表现的
习惯。最近大家养成的风俗都是源自一批借用的观念。各
种特色在普世文明的坩埚中熔炼之后，得到的结果单调乏

味，无论如何都提不起旅行家的兴致，尽管没有哪个时代像现在这样普遍喜欢旅行，因为大部分人都是因为无聊而不是为了接受教育才旅行的。我不属于这些旅行家当中的一分子。我充满了好奇心而且乐此不疲，结果在吃了苦头之后才每天都发现，事物之间的差异乃是世上最难得的东西，而旅行家之所以讨厌雷同，恰恰是因为雷同让旅行家扮演了上当受骗者的角色，一个最不愿意接受但又最容易扮演的角色。

旅行是为了逃避之前生活的世界，可我们发现，要把它抛开是不可能的。文明世界已不再有任何边界。它是整个地球。人类正在重新结合，不同的语言在消失，不同的民族在消失，哲学正在使教义沦为私人信念。这是受到损害的天主教最终的结果。它注定如此，直到它再次散发新的光辉，并成为未来社会的基础。谁会为人类的这种重新联合规定界限呢？这里面不可能看不出天主的意图。巴别塔的诅咒差不多是它规定的说法，而各民族即将合为一体，尽管还有各种各样的力量要把它们分开。

昨天我又开始了游览，由我已经介绍过的某某先生领着，仔仔细细地察看了克里姆林宫。仍然是那个克里姆林宫！那个建筑对我来说就是整个莫斯科，整个俄国，它本身就是一个世界！我的仆人上午通知了等待着我们的保护人。我希望找个普通官员，结果接待我们的是个军官，一个文质彬彬的人。

克里姆林宫这座宝库理当是俄国的骄傲。它简直就是这个国家的编年史。这个国家的历史都写在宝贵的石头上。

黄金花瓶、盔甲和古代的家具，不仅本身令人赞叹，而且每样东西都关联着某件值得纪念的、光荣的或者不平凡的事情。但在描述，或者更准确地说，简单地介绍那么多我相信在欧洲独一无二的宝贝之前，读者必须沿着把我领到这座圣所的路线，一步一步地跟在我后面。这座圣所不但受到俄国人的崇敬，而且完全有理由得到外邦人的赞赏。

走过几条笔直但狭小的街道之后，就到了可以看见那座要塞的地方，这时我从一条拱道下经过，我的仆人没有征求我的意见，就让马车停在它前面，因为对于这个地方的兴趣实在太有名了！拱顶上方是塔楼，形状独特，就像莫斯科老城区其他所有的塔楼一样。

我没见过君士坦丁堡，但我相信，除了那座城市，在欧洲所有的都城中，莫斯科的外表最美。它是内陆的拜占庭。幸好旧都的广场不像彼得堡的那么大。在彼得堡的广场上，即便是罗马的圣彼得大教堂也会显得十分渺小。在莫斯科，空间比较有限，所以建筑看上去显得比较大。由于自然和历史两方面的原因，这里不允许采用直线和对称的造型，结果莫斯科到处都美如画。天空虽不晴朗，但有银色的光辉。各式各样的建筑杂乱地堆积在一起；没有哪些建筑是完美的，但整体上给人的印象很深——不是赞叹，而是惊讶。地表的起伏增添了许多观察的视角。空中顶塔林立，闪烁着奇幻的光泽。无数镀金的尖塔，形状像清真寺的宣礼塔、东方的亭阁和印度的穹顶，把你带到了德里；城堡的主楼和角楼，让你回到了十字军时代的欧洲；瞭望塔顶上的哨兵让你联想到召唤信徒做礼拜的穆安津[1]；而为了让观念的混乱达到极致，十字架——无论从哪个方向看上去都闪闪发光，都在命令人们拜倒在天主面前——仿佛从天而降，落在一群亚洲民族当中，指出仅有的获得拯救的窄路。毫无疑问，正是在这幅充满诗意的画面前，斯塔尔夫人感叹说："莫斯科是北方的罗马！"

　　对于这话要公正地看待；因为无论从哪个方面来说，这两个城市都无法相提并论。进入莫斯科的时候，我们想到的不是异教徒或基督教欧洲的艺术杰作，而是尼尼微、巴尔米拉或巴比伦。这个国家的历史或宗教与罗马也没有更近的联系。要是把莫斯科比作北京会好一点，可斯塔尔

1　穆安津（muezzin），伊斯兰教清真寺塔顶按时呼唤信徒做礼拜的人。

夫人当时根本就没有心思好好地看一看俄罗斯；她要穿过那个国家去访问瑞典和英国，并在那里与完全敌视思想自由的拿破仑展开天赋及观念的较量。作为一个才智出众的人物，到一个新的国家，她总要讲点自己的印象。名人旅行时的不幸在于，他们不得不留下只言片语，而要是不那样做，别人就会代劳。

我只相信没有名气的旅行家讲述的东西。有人会说我是自吹自擂，对此我不否认；因为在寻找并努力发现真相的时候，没有名气至少对我来说有好处。纠正我的一些朋友以及少数跟他们想法一样的人的错误和偏见，这种乐趣足以让我自豪。我的期望不高，因为没有什么比纠正优秀人物的错误更容易了。在我看来，即便有人不像我那么憎恶专制主义，根据我提供给他们思考的对于专制主义——尽管它看似壮观——产物的实事求是的描述，他们也会那么做。

两道漂亮的拱门穿过仆人让我在它的脚下下车的那座高大的塔楼。塔楼把克里姆林宫的宫墙——这么说比较合适——与它们在商城基泰哥罗德周围的附加部分分开。基泰哥罗德是老莫斯科的另外一个区，1534 年由沙皇约翰·瓦西里耶维奇的母亲建造。这个日期在我们看来是近代，但是对俄国这个欧洲最年轻的国家来说是古代。

基泰哥罗德离克里姆林宫很近，是个巨大的巴扎，一座小城，带有拱顶的昏暗小巷纵横交错，如同密密麻麻的地下洞穴。商人的这些地下通道并非墓穴，而是永久性的集市。它们是由一条条长廊构成的迷宫。那些长廊非常像巴黎的连拱柱廊，尽管不太精美，不太明亮，而且挨得比较紧。这种建筑式样对于满足那种气候下的商业需求来说非常必要。带有顶棚的街道可以尽量减少户外活动的不便和艰难。在带有顶棚的街道上，买卖双方都不用受风雪冰霜之苦，然而，轻巧的开放式柱廊以及通风的门廊样子很可笑。俄国的建筑师真该好好向鼹鼠和蚂蚁学一学。

在莫斯科，随便走到哪里，都会发现有座小礼拜堂，很受人尊敬，所有路过的人都向它致敬。这些小礼拜堂，或者说神龛，一般都有某张圣母像，供在玻璃下面，而且为了表示敬意，还会点上长明灯。这样的神龛会由某个老兵守着。在富人的门厅，还有在教堂，都会碰到这些老兵。他们会维持教堂秩序。如果得不到富人或神父的庇护，俄国老兵的生活会很可怜。这个政府不懂得不为夸耀的善事。在它希望行善的时候，它会为病人或儿童建造宫殿式的建筑，而这些打着宗教旗号的建筑杰作外观非常引人注目。

在把塔楼的双联拱廊分开的柱墩上，有神龛供奉着古代的维维日圣母像[1]。圣像是希腊风格的，在莫斯科非常受人尊崇。我注意到所有经过这个小礼拜堂的人，包括地主、农民、商人、贵妇和军人，都会鞠躬，并且画很多十字。许多对如此谦卑的仪式仍不满意的人会停下来。衣着考究的女人跪倒在能行奇迹的圣母面前，甚至以额触地。地位比农民高的男人也会跪下，一遍遍不停地画十字。大街上的这些礼拜做得敷衍潦草，更多是出于习惯而不是热情。我的仆人是意大利人。这个可怜的外国人在莫斯科，在这个收留他的国家，已经生活了很多年。没有什么比他头脑中搅在一起的相互冲突的偏见更荒唐可笑了。他从罗马带来的童年时代的想法，使他愿意相信圣徒和圣母显灵；不过，他对于神学上细微的差别不是很在意：既然没有更好的选择，希腊教会的遗物和圣像的奇迹也凑合。这个可怜的天主教徒变成了维维日圣母的狂热崇拜者，向我证明在教义方面的一致同意的巨大威力。他用意大利人的饶舌劲头不停地唠叨："先生，相信我，这个圣母像很灵的，真的很灵，不像我们的那些。在这个国家，所有的奇迹都是真的。"

1　维维日圣母像（Virgin of Vivelsky）是 14 世纪中期一位不知名的画师
　　为维维日城堡（Veveří Castle，今捷克境内）附近的圣母升天教堂所
　　画的一幅有名的圣像。

这个意大利人把我逗乐了。在这个沉默寡言的帝国，他依然保持了祖国人民快言快语的特点和好脾气。

在俄国，很少有人喜欢多嘴。这种人属于稀有物种，是受够了当地人的圆滑和谨慎的旅行家很高兴碰到并且时刻惦记的。为了让这个人说下去——这不难做到——我斗胆对维维日圣母显灵的真实性提出了一些质疑。结果，哪怕是我否认教宗在属灵事务上的权威性，我的罗马仆人也不见得会更加震惊。看到一名可怜的天主教徒竭力证明希腊画像超自然的力量，我意识到把两个教会分开的不再是神学。所有基督教民族的历史都告诉我们，君主为了自己的政治图谋，已经懂得如何利用神父的固执、细心和逻辑，去毒化宗教上的争论。

穿过拱廊，来到一座小广场。广场上矗立着一组青铜雕塑，是用非常蹩脚的所谓古典风格制作的。要是在帝国时期，我会以为自己是到了卢浮宫某个二流雕塑师的作坊。这组塑像假借两个罗马人的形象，描绘了俄国的两个解放者米宁和波扎尔斯基，他们在十七世纪初把波兰人赶出了俄国；不过，两位英雄很奇怪，穿的竟然是罗马人的衣服！这两个人如今很红。再往前，我看到前方非同凡响的瓦西里·柏拉仁诺教堂。那幢奇形怪状的建筑与两位莫斯科解放者的古典主义雕塑，在风格上形成了奇特的反差。几座球形的顶塔各不相同，就像一盘水果，或一只装满菠萝的代尔夫特陶瓷花瓶。顶塔上面全都有金灿灿的十字架，就像一块巨大的晶体——在往前走的路上，我只能把这座教堂比作这些东西；之前在快到莫斯科城的时候，这座教堂看起来那么雄伟。与俄国大多数教堂一样，这幢建筑也很小，它虽然五颜六色，可并不能长时间地吸引观察者的兴趣。两段漂亮的台阶通向它所在的平台。教堂内部很窄，没什么意思，也没有特色。为了建造这座教堂，建筑师把命都搭上了。据拉沃讲，它是奉被尊称为"恐怖的伊凡"的伊凡四世之命建造的。为了报答那位给莫斯科增色不少的建筑师，伊凡四世让人挖掉了他的双眼；理由是，他不希望别的地方再造出这样的杰作。

离开教堂，我们穿过神圣的克里姆林宫大门，而且按照俄国人严格遵守的习俗，我特意先摘了帽子，再进入那条不长的拱道。这个习俗可以追溯到上一次受到卡尔梅克人袭击的时代。他们说当时是因为守护帝国的圣徒显灵，卡尔梅克人才没能进入这座神圣的要塞。圣徒有时候相当大意，可这一天他们却很警惕，所以克里姆林宫就得救了；俄国继续用时刻都在巩固的敬意，承认它引以为荣的有关神灵护佑的记忆。和一些自认为是世上最开明的民族的怀疑相比，这些公开表现出来的宗教情感中包含了更多实际的智慧；因为那些民族在利用而且滥用智力，结果在对于真实而朴素的东西完全丧失兴趣之后，开始怀疑存在的目的，怀疑其他所有事物的目的，并以此为荣，以至于别的民族可能会受到蛊惑而仿效它们，好像它们的迷乱值得羡慕似的。这些可敬的圣贤使各民族丧失了原动力，同时又不能为他们毁灭的东西提供任何替代品；因为人生短暂，对于财富和享乐的渴望在人心中激起的，无非是易逝和纷乱之感。在物质主义者犹豫不定、总是受到怀疑干扰的跋涉过程中，给他们指引方向的是易变的性情和身体的感受，而不是理智之光；因为一个人的理性，尽管他在本国可能出类拔萃，尽管他可能是又一个歌德，但还没有达到不受怀疑影响的高度。怀疑使得心灵变得宽容，但妨碍它做出牺牲。在艺术上，在科学上，以及在政治上，牺牲都是所有持久的工作和所有崇高的奋斗的基础。这一点人们不愿承认，反而指责基督教宣扬自我否定——这其实就是指责美德。神父们为大众开辟了一条过去只有高智力的人才知道走的道路。

我不能再继续描述克里姆林宫奇妙的外观了——高大的宫墙和塔楼一直筑到高地和沟壑的上面，而且层层叠叠，风格、形状、构思各不相同，组成了世界上最具原创性和最富有诗意的建筑。但是，我该怎样描述当我进入这座魔幻之城的内部，走近被称为珍宝馆的那幢建筑，看到在我面前有一座带有直线和锐角、正面饰有科林斯立柱的小小的现代宫殿时，我所感到的惊讶呢？这幢冷冰冰的小型仿古建筑——对此我本该做好心理准备——荒谬得让我倒退了几步，借口先欣赏几座教堂，要我的同伴等一下再参观珍宝馆。在俄国待了这么长时间，我应该对帝国建筑师在创作中没有章法见怪不怪，但这一次，这种不协调太过明显，反倒让我觉得颇为新鲜。

于是，我们先参观了圣母升天大教堂。这座教堂拥有各国虔诚的基督徒认为是圣路加所作无数圣母像中的一幅。我觉得这幢建筑更像是撒克逊式和诺曼式，而不是我们的哥特式教堂。它是十五世纪一位意大利建筑师的作品。起初它是由本国蹩脚的工匠和建筑师建造的，在结构下沉和倒塌过几次之后，就找了外国人帮忙，成功地使之变得牢固了，但是在装饰方面，还是按本国的趣味。

我不了解希腊教会有关圣像崇拜的教规，但是，看到这座教堂画满了湿壁画——趣味低劣，构图呆板、单调，是所谓的现代希腊风格，因为借鉴了拜占庭的样式——我就问自己，什么样的形象和题材是希腊教会不让描绘的？很显然，除了好的绘画，他们不禁止任何东西进入这些建筑。

从圣路加的圣母像前面经过时，我的意大利导游向我保证它是真迹。他还用帝俄农民那种煞有介事的口吻说："先生，先生，这是行奇迹的地方！""这是行奇迹的地方！"他的话我信，因为恐惧能行奇迹，而且法力强大。这是一次多么奇特的旅行啊，它能在两周之内把你带到四百年前的欧洲！不仅如此，对我们来说，哪怕是在中世纪，人也比他在如今的俄国更觉得有尊严。在西欧，根本就不会把和克里姆林宫的几位主人公一样虚伪、狡诈的君主冠以"大帝"之名。

这座大教堂的圣像屏帏画得富丽堂皇，而且从人行道到屋顶，全都金碧辉煌。在希腊教堂中，圣像屏帏是把至圣所与中殿分开的隔墙或围板。至圣所总是用几扇小门遮着，中殿则是信徒聚集的地方。这座教堂差不多是长方形，非常高，但又小得让你觉得走在里面像是在地牢里。这幢建筑里有很多大主教的墓寝，还有从亚洲带来的华丽的神龛和著名的圣物。这座大教堂细看一点都不美，但整体而言，有些东西还是让人印象很深。我们即便不赞赏，也还是有一种悲伤的感觉，这一点很重要，因为悲伤让心灵容易受到宗教情感的影响。但是在天主教会伟大的建筑中，有某种超越了基督徒的悲伤的东西，有信仰得胜凯旋的歌声。

圣器室里有很多稀罕的东西，但我不想把莫斯科稀奇的东西一一列出。我把印象较深的说一说，更完整的内容可以参看拉沃、施尼茨勒，特别是在我之后的旅行家的说法。新的旅行家很快就会来探索俄国，因为这个国家不会像现在这样，长久处于不为人知的状态。

伊凡大帝尖塔在克里姆林宫宫墙里面。那是这座城里最高的建筑，它的顶塔是按照俄国的习俗，用金币的黄金装饰的。这座独一无二的塔楼是莫斯科大公国农民崇敬的对象。在莫斯科，一切都是神圣的。俄国民众心中的崇敬感真是太强烈了。

我还看了莫斯科最古老的救世主教堂。它旁边有座钟，钟上面有块地方破了，我估计这是世上最大的钟。它放在地上，本身就是一座顶塔。它在安娜女皇在位时的火灾中掉下来之后重铸过。

我们还参观了克里姆林宫里的两座修道院，奇迹修道院和耶稣升天修道院；后者有几位皇后的墓寝，包括"恐怖的伊凡"的母亲叶莲娜。她和儿子真不愧是一对母子。她像他一样冷酷无情，才干则是她唯一的长处。那个暴君的几个妻子也葬在这里。耶稣升天修道院的几座礼拜堂让外国人感到惊讶的是它们的财富。

最后，我终于鼓起勇气面对珍宝馆的科林斯立柱了。我闭上眼睛，迎着几条趣味低劣的猛龙，进了这座光辉夺目的宝库。那里就如同展示奇珍异宝的陈列室，陈列着俄国最有趣的历史遗物。

多少盔甲、花瓶和国宝！多少皇冠和御座，全都集中在同一个地方！它们的陈列方式让效果更加突出。那么多徽章和战利品的布置，不但显得很有政治智慧，而且很有趣味，让人不能不佩服。展览或许有点吹嘘的意味，但爱国主义的自豪感是最无可厚非的。我们原谅帮助我们尽到自己义务的那种激情。这里有种深层的观念，而这些东西不过是它的象征。

冠冕摆在铺着垫子的底座上，御座则沿墙摆放在单独的壁龛里。在这个重现昔日荣光的现场，唯一的缺憾就是物是人非。使用这些东西的人的缺席，如同对于人生虚无的启示。没有了沙皇，克里姆林宫如同一座没有灯光和演员的剧院。

在众多冠冕中，莫诺马赫的那顶即便不是最庄严的，也是最珍贵的；它是 1116 年从拜占庭带到基辅的。另外一顶皇冠据说也是莫诺马赫的，只是很多人认为它比那位君主在位的时间还古老。在这些璀璨夺目的冠冕中，还包括喀山、阿斯特拉罕和格鲁吉亚三个王国的王冠。看到这些王冠如同卫星一般，恭恭敬敬地与统御一切的明星——帝国皇冠——保持一定的距离，给人的印象特别深。俄国的一切都具有象征性。这是一个充满诗意的国度，就连悲伤也充满诗意！还能有什么比滴落并郁积在心头的眼泪更有说服力呢？西伯利亚汗国的王冠也看到了。它是俄国人制作的假想物，摆在那里仿佛是要指出，在伊凡四世在位的时候，由商业冒险家和士兵完成的历史上的一件大事。西伯利亚的征服——确切来说，不是发现——正是从那时开始的。所有这些冠冕都镶嵌着世上最大、最昂贵的宝石。为了让这片土地所庇护的专制主义有值得骄傲的东西，就连它荒凉偏僻的腹地也被开发了！

波兰的宝座和王冠让这一大堆华美的帝王御用之物变得更加光彩夺目。那么多的宝石，集中在一个很小的空间，在我眼中就像孔雀开屏一样绚丽。多么血腥的虚荣！我对着向导们硬是让我在它们面前停下来的每一件新的宝物自言自语。

彼得一世的皇冠、叶卡捷琳娜一世的皇冠和伊丽莎白的皇冠给我的印象尤其深刻。多漂亮的黄金！多漂亮的钻石！还有，多厚的灰尘！帝王们的宝球、宝座和权杖，全都摆在一起，证明器物的高贵和人类的虚无！一想到连一个个帝国也不免归于虚无，我们就感到茫然，不知在时间的洪流中何枝可依。我们怎能归属于一个由各种形式的生命组成，却没有哪种形式的生命是长久的世界？即便天主不曾启示天堂的存在，它也会被性格足够坚强的灵魂发现，填补这一创造的空白。有关不变的、纯粹精神的世界的柏拉图式的观念，即整个宇宙的理想型，在我眼中就等同于这样一个世界的存在。我们怎会相信，天主在构想时还不如人类的头脑丰富、多产、强大和公正呢？我们的想象力源自造物主，难道它比造物主的作品还强？这种想法是矛盾的、不可能的。有人说，是人按照自己的形象创造了天主。是的，就像孩子用木头做的士兵打仗一样，可他的游戏难道没有为历史提供证据吗？假如世上不曾有过蒂雷纳[1]、腓特烈二世和拿破仑，我们的孩子在玩耍时会模仿战斗的场面吗？

本韦努托·切利尼[2]风格的雕花花瓶，饰有宝石的杯子，武器和盔甲，贵重的装备，华丽的绣品，各个国家和各个时代昂贵的水晶制品，这些东西在这批令人惊叹的藏品中有很多；而这批藏品即便是一个真正的收藏家，用一周的时间也清点不完。在俄国历代君主的宝座旁，我看到了他们的马匹使用的马衣，他们的服饰，他们的家具；这些东西让人目不暇接。要形容这个即便不说是魔幻的也要说是神奇的地方，我唯一能想到的画面就是《一千零一夜》

---

1 蒂雷纳（Turenne, 1611—1675），法国历史上著名的军事家。

2 本韦努托·切利尼（Benvenuto Cellini, 1500—1571），意大利金匠、雕塑家和画家。

中的宫殿。但在这里，历史的兴趣增添了富丽堂皇的效果。这些珍贵的遗物用极其生动的方式，记录和证实了多少奇特的事件！从圣亚历山大·涅夫斯基精美的头盔，到在波尔塔瓦抬过查理十二世的担架，所有的东西都让人联想到一段有趣的历史，或某个独一无二的事实。珍宝馆是克里姆林宫巨人们真实的记录。

在快要结束观看这些历代的战利品的时候，我突然想到蒙田的一段话——我旅行时总是带着他的作品——这段话可以用奇妙的反差让有关莫斯科大公国的珍宝的描述更加全面。

> 在古代，莫斯科大公国的君主必须用下面这种方式来讨好鞑靼人。当他们派来使节的时候，他光着脚去迎接他们，并献上一杯马奶（一种饮料，他们认为它最好喝）；如果在喝的时候，有马奶滴到马鬃上，他一定会用舌头把它们舔掉。
>
> 在俄国，巴耶济德皇帝[1]派到那里的军队被非常猛烈的暴风雪困住了。为了不被冻死，许多人把自己的马杀了，取出内脏，爬进去享用可以保住性命的余温。

我引用最后这件事，是因为它让我想起了塞居尔先生在他的《俄国战史》中说到莫斯科战场时令人钦佩而又可

---

1 巴耶济德一世（Bayezid I，1360—1403），奥斯曼帝国苏丹，1389—
  1402 年在位。

怕的描述。

尽管摆出了所有的宝座，尽管表现得不可一世，可全俄罗斯皇帝不是别的，正是我们看到的这些在十六世纪如此丢人的大公的继承人，而且就连他家族继位的资格也不是没有争议的；因为，即便不说选举特鲁别茨科伊，它被罗曼诺夫家族及其朋友施展诡计宣布作废了，单是几代君主犯下的罪行就能把叶卡捷琳娜二世的后代送上宝座。因此，不让俄国人，甚至不让全世界了解俄国的历史，不是没有原因的。一个君主，坐在以那样的方式打造的宝座上，政治原则又如此僵化，在我们时代的历史上确实比较奇怪。

当莫斯科大公们受蒙古人奴役的时候，正是骑士精神在欧洲，尤其是西班牙盛行的时候，西班牙为了基督教的荣耀与独立而血流成河。虽说中世纪比较野蛮，可我不相信在西欧能找到哪位君主会给君主制丢脸，同意按照十三、十四和十五世纪的鞑靼人强加给莫斯科大公们的条件去进行统治。宁可丢掉王位也不愿贬低王权的尊严。法国或西班牙的君主，或者欧洲古代的随便哪位君主，都会这么说。但是在俄国，就像其他所有的事物一样，荣誉也只是最近的事情。

在珍宝馆的一楼，我看到俄国皇帝和皇后们的礼仪用车。最后那位大主教古老的马车也在藏品中。它的几扇车窗是角制的。它属于克里姆林宫历史储藏室中比较奇怪的遗物。

随后我参观了皇帝在来到克里姆林宫时居住的那座小巧的宫殿。那里面除了描写最后一次推选波兰国王的绘画之外，没有什么好看的。那次让波尼亚托夫斯基登上王位从而给波兰套上笼头的不同寻常的会议，让一位法国画家——他的名字我不知道——画得非常仔细。

还有稀奇的东西在别处等着我。我参观了参政院、皇宫和古代的大主教宫——它们都只是徒有其名——最后还有一座带有棱角的小宫殿，像个宝石和玩具。它有点儿像摩尔式建筑的杰作，在周围的一大群建筑中显得非常典雅。可以把它比作镶嵌在普通砂石上的红玉。这幢建筑有好几层，下面比上面宽敞，这就增加了露台的数量，让它看上去像金字塔，效果非常别致。每一层都比下面的一层缩进去一点，而最高的那层不过是个小亭子。每一层都用按照萨拉森人的方式作了改进的代尔夫特瓷片，细致而且美观地标出建筑的腰线。宫殿内部刚刚添置了新家具，装了玻璃，刷了颜色，并作了全面整修，显得趣味高雅。

要描述这么多风格迥异、全都挤在一座巨大的城市中心的大建筑所造成的反差，要表现这群胡乱堆砌在一圈高墙内的阿拉伯式宫殿、哥特式城堡、希腊式神殿、印度式尖塔和中国式亭阁所产生的效果，根本就不可能。言语如果不借助于对象所唤起的记忆，便不能描绘它们。没有见过克里姆林宫的人，他的记忆对于描绘它根本就不起作用。

那座小小的摩尔式宫殿的最底层，几乎完全被一座巨大的拱形大厅占据了，拱顶由立在中央的单一柱墩支撑。这是觐见大厅；举行加冕典礼之后，皇帝们会离开教堂去那里。那里的每一样东西都会让人联想到古代沙皇的奢华，让人在想象中回到伊凡们还有阿列克谢在位的时期。这座宫殿的外表是真正的莫斯科大公国的，墙上全新的绘画让我觉得画得很有趣味，总体效果让我想到了我曾经看过的北京琉璃塔的绘画。

这些形形色色的精美建筑，让克里姆林宫有一种在世界上别的地方看不到的戏剧性的装饰效果。但要是单个细看的话，在那座俄国广场的建筑当中，哪一个也不比散布在城里其他地方的那些更好。乍一看，莫斯科给人的印象非常深刻。对于一个身上带着急件、快速穿城而过的人来说，它似乎是最美丽的城市，那些教堂、修道院、宫殿以及坚固的城堡，随便哪个都会被当作精灵的居所。

可惜的是，他们现在正在克里姆林宫为皇帝建造一座新的宫殿。他们有没有想过，在这座神圣的堡垒中，这种亵渎神圣的改动会破坏古建筑的可以说是世界上独一无二的整体效果？君主目前的居所看起来的确有点简陋，但是，为了消除这种不便，他们正在挖掘古老的国家圣地中最珍贵的部分。这是亵渎。如果我是皇帝，我宁可暂时不建新的宫殿，也不会动克里姆林宫旧城墙的一块石头。

在彼得堡的时候，有一天，君主和我说到这些工程，说它们可以让莫斯科变得更美。我不记得我当时头脑中是不是这样反驳的：您这样说，好像您能为历史增光添彩似的。我知道，那座古老的要塞中的建筑不符合任何艺术法则，但它表现了一个民族和一个世上再也不会看到的时代的风俗习惯、行为和观念，因此，作为不可改变的过去，它是神圣的。那里打上了超越于人类之上的力量，即时间的印记。但是在俄国，权力不放过任何东西。我相信皇帝当时看到我脸上露出了遗憾的表情，所以他在离开时向我保证，新宫殿会比老宫殿大很多，能更好地满足他宫廷的需要。这样的理由在像我旅行的这个国家，足以应付任何反对意见。

为了把宫廷安顿得更好，他们准备把亚历山大花园中小的救世主教堂也划进新宫殿的范围。让所有热爱古迹、热爱美丽风景的人感到遗憾的是，这样一来，那块我相信是克里姆林宫和莫斯科最古老的圣地，就会消失在把它圈在里面的华而不实的白墙中。

更让我生气的是，他们在即将犯下亵渎的罪行时还惺惺作态。他们吹嘘旧址仍将保留，换句话说，就是不会遭到破坏，而只是被活埋在一座宫殿里。冠冕堂皇地尊重过去与新近从英国输入的对于"舒适"的迷恋之间产生了矛盾，而这就是他们这里调和矛盾的方式。这种让俄国人的国都变得更加美丽的方式完全配得上彼得大帝。新都的创建者抛弃了旧都难道还不够吗？不够！他的继承人还要把它拆掉，借口是，要让它变得更漂亮。

尼古拉皇帝本来可以获得属于他自己的荣誉，而不是走别人的老路。他只要在彼得堡的冬宫因为他而被烧毁的时候允许离开它，回到克里姆林宫，并把克里姆林宫皇帝的住处照现在这样修好就行。至于家人的需要和宫廷举办大型庆典的需要，他在神圣的宫墙外面无论建多少宫殿都可以，只要他认为合适。如果这样回来，他就可以弥补彼得大帝的错误。彼得大帝不该把他的波雅尔拖进他在波罗的海岸边为他们建造的剧院，而是应该利用自然为他们提供的、在他们能力范围之内并且任由他处置的非常适宜的环境，让他们在自己的家乡变得文明起来；可他对自然提供的良好环境不屑一顾，表现出和他那样在某些方面非常优秀的人不相称的浅薄。在从彼得堡到莫斯科的路上，外邦人每走一步，拥有无边无际的领土和巨大的农业资源的俄国，就会在心头展开和放大，就跟当初彼得大帝贬低和缩小它一样。十一世纪的莫诺马赫是位真正的俄国君主，而十八世纪的彼得一世，就其采用了错误的改良方法而言，不过是外国人的附庸和荷兰人的模仿者，是用野蛮人缜密的心思抄袭文明的人。

假如有一天，我看到俄国的宝座重新威严地置于它真正的基础之上，置于帝国的中心莫斯科；假如任由圣彼得堡，连同它用灰泥粉饰的和镀金的建筑，在它立于其上的沼泽里朽坏，仅仅成为它一向就应该成为的东西，一座用花岗岩建成的海港，俄国与西方之间一个重要的贸易集散地，就像在另一边，喀山和下诺夫哥罗德成为俄国与东方的两级台阶一样；我会说，这个斯拉夫国家用一种恰当的自尊，克服了领导者的虚荣，终于明白了它本来该走的道路，因而理应实现它想要实现的目标。君士坦丁堡在等待着它；那里的艺术和财富将会自然涌出，回报一个民族付出的努力——他们长期以来有多么卑微和顺从，就被说得有多么伟大和光荣。

让我们想象一下，一座坐落在纵横上万里格的平原中央的都城是何等壮观——那平原从波斯绵延至拉普兰，从阿斯特拉罕和里海绵延至乌拉尔山脉和拥有阿尔汉格尔港的白海。从那里开始，以波罗的海为界——那里有莫斯科的两座武库，彼得堡和喀琅施塔得——它一直延伸到西部的维斯瓦河。还是从那里开始，它一直延伸到博斯普鲁斯海峡，那里的被征服地区在等待俄国人的到来，君士坦丁堡可以成为莫斯科大公国人的圣城莫斯科与世界交往的又一门户。

尼古拉皇帝讲究实际而又富有远见，但他不清楚实现这样一个目标最好的办法。他不时地来到克里姆林宫散散步，但这还不够。他应该认识到自己必须永久居住在那里。如果他认识到这一点，他就不会有精力做出这样的牺牲，而这就是他的错误。在亚历山大的统治下，俄国人为了拯救帝国而烧毁了莫斯科；在尼古拉的统治下，天主为了把俄国的命运推向前进而烧毁了彼得堡的宫殿。但尼古拉没有响应天主的召唤。俄国仍在等待！他不是像雪松一样把自己扎根在唯一合适的土壤中，而是打扰并翻动那片土壤，以便建造马厩和宫殿；因为在那里，他可以让自己在旅行中住得更方便。他惦记着这个不值一提的目标，却忘记了那座国家要塞中的每一块石头都是，或者说应该都是，所有真正的莫斯科人敬重的对象。作为君主，他的权威依赖于臣民的迷信。他这样做并不明智，因为他亵渎了圣地，动摇了莫斯科人对于他们拥有的唯一真正的国家建筑的敬意。克里姆林宫是俄国人民族精神的产物，但那个不规则的、美如画的奇迹，最终注定要屈服于现代艺术。在俄国，仍然占据着统治地位的是叶卡捷琳娜二世的审美趣味。

那个女人的理解力很强，可她对于艺术和诗一窍不通。她对帝国到处都是仿古的、不成样子的纪念性建筑很不满，便留下一个计划，要让克里姆林宫的外观变得更加规则，结果这里现在可以看到，她的孙子正在把这个骇人听闻的计划的一部分付诸实施：没有任何装饰的平面、笔直的线条以及直角，取代了凹凸不平，取代了斜面和露台——先前那里曾光影摇曳，室外楼梯、涂有彩色的阿拉伯花纹的墙壁和饰有彩绘代尔夫特陶瓷的宫殿，令人眼花缭乱，浮想联翩。如果让人把它们拆了，如果让它们被遮住，那岂不是要代之以光溜溜的白墙、方方正正的窗户和死板俗套的大门？不，彼得大帝没死！这些由他招募并训练的亚洲人，像他一样游历过欧洲、模仿着欧洲，而且一边继续模仿，一边假装鄙视，忙于被错当成文明的野蛮行径的人，是被把整齐划一当作自己的座右铭，把制服当作自己的标准服饰的主子的格言给骗了。

因此，在俄国既没有艺术家也没有建筑家，所有对美还抱有一点点感情的人都该匍匐在皇帝脚下，恳求他放过他的克里姆林宫。皇帝在做的，是连敌人也不会做的事情。他在破坏神圣的城墙，而波拿巴的工兵几乎没动它的一块石头。

我来到克里姆林宫，看见这座历史奇观就那样遭到破坏，却不敢大声疾呼，反对犯下亵渎神圣的罪行，不敢以历史、艺术和高尚趣味的名义，呼吁保护这些注定要为结不出果实的现代建筑观念腾地方的古老建筑。我抗议——但只是私下里——这种强加给民族，强加给历史和高尚趣味的错误。即使我在这里遇到的几个最聪明、消息最灵通的人敢听我说话，他们敢于给出的回答也仅仅是："皇帝希望他的新居比旧的更合适，那您还抱怨什么？"（"合适"是俄国专制制度的一个神圣的说法。）"他什么也不会改变；他已经下令就在那个地方对它进行重建，即使那里有他祖先的宫殿。"

　　作为外邦人，我很谨慎，对于这样的理由什么也没说；但是，如果我是俄国人，我就会一块石头、一块石头地保护这座由伊凡们建造的要塞中古老的宫墙和充满魔幻色彩的塔楼；我可以说宁可选择涅瓦河下的地牢或者流放，也不愿在皇帝野蛮的破坏中蒙受耻辱，做一个装聋作哑的共犯。为了维护高尚的趣味而殉难的人，还有可能得到一个比为信仰而殉难的人低一点的光荣的地位；艺术是一种宗教，一种在我们今天还有点力量，还有点受到尊重的宗教。

　　从克里姆林宫的阶地那么高的地方看到的景色非常漂

亮，尤其是在晚上。我一定要经常回来，从我相信是莫斯科最高的伊凡大帝尖塔的脚下看日落。

那些在若干年来差不多已经把要塞包围起来的人工林成了一种很有趣味的装饰。它们既美化了这座现代的商业城市，同时又构成了这座老俄国人的阿尔卡萨尔宫的边缘。那些树还增加了古城墙美如画的效果。在这座富有浪漫气息的城堡宫墙最厚的地方，有一些很大的空地，可以看到那里有楼梯，又陡又高，令人眩晕。富于幻想的眼睛可以从那里看到所有的死人蹑手蹑脚地走下来，在平台上闲逛，或者倚着古老的塔楼扶手。它们从那里把死亡的冰冷和轻蔑的目光投向尘世。这一大群形形色色的不规则的建筑，让人越想就越是钦佩这种好像属于《圣经》时代的建筑和那些富有诗意的居住者。

城墙外围的人行道上有一处拱道，我已经留意过它，但每次看到它仍让我感到惊讶。你离开一座城——这座城所在的地表崎岖不平，城里到处都是高耸入云的塔楼——然后突然进了一条黑魆魆的有顶的通道，从那里登上一座又长又陡的高地。来到高地顶部，你发现自己又处在敞亮的天空下。你可以从那里俯瞰这座城里至今还没有见过的另一部分，它一直延伸到一条河的河边。这条河叫莫斯科河，已经因为夏季高温而有点干涸了。在太阳最后的光芒即将消散的时候,可以看到河水是火红的。这面天然的镜子,依偎在秀美的高冈中,非常醒目。远处那些高冈上的众多建筑,尤其是那座育婴堂,大得像座城。它们中有慈善机构、学校和宗教机构。石桥,修道院(数不清的金属穹顶耸立在圣城上空,如同不停祈祷的神父们的巨幅肖像),悠扬的钟声(在这片地方显得特别悦耳),轻声细语、不慌不忙的熙熙攘攘的人群(他们要不停地躲避悄无声息地疾驰而过的马和马车,却一点也不生气。和彼得堡一样,莫斯科的马和马车的数量也非常多),莫斯科河的这一切会让人联想到这座古都落日的景象。每一个夏日的夜晚,它们都会让莫斯科不同于世界上其他的任何城市。这里既不是欧洲也不是亚洲,这里是俄国,而且是俄国的心脏。在城里那些有起伏的地方之外,在它被灯光照亮的屋顶和昏黄的尘雾之上,可以看到雀儿山。过去我们的士兵们正是从那座高冈的顶上第一次看到了莫斯科。对于一个法国人来说,那是怎样的记忆啊!

在眺望这座庞大的城市的各个区域时,我徒劳地寻找那场唤醒了欧洲并把波拿巴赶下台的大火的痕迹。进莫斯科的时候他是征服者和指挥官,离开俄国人的圣城时他成了亡命者;那以后他就不再相信命运,而他一度以为自己已经克服了它的反复无常。

阿贝·德·普拉特[1]引用的那句话，在我看来，把一个士兵过分的野心中可能含有的残忍表现得淋漓尽致。"崇高与荒谬之间仅一步之遥。"那位大英雄抛弃军队逃到华沙时喊道。他为什么这么说呢？在那个神圣的时刻，他想到的只是他要在报纸的文章中给出的数字！为他牺牲的士兵们的尸体当然一点也不荒谬！能够打击拿破仑皇帝巨大的虚荣心的，只有某些人幸灾乐祸的嘲笑。不过，那场灾难却让各民族颤抖了很多年，而且单是有关它的记忆，就让欧洲三十年没有发生过战争。在那么危急的时刻还想着自己，这种虚荣无异于犯罪。梅赫伦大主教引用的这句话是一个利己主义者发自内心的呼声。他曾经是世界的主人，但根本不能成为自己的主人。在那样一个时刻表现出的那种毫无人性的特点，等到将来历史有机会变得公平的时候，会被它记录下来。

本来我希望对这史诗般的一幕和现代史上最惊人的事件作一番形象的描述和修饰，但这里的每一个人都竭力忘却伟大的、激动人心的事迹。一个由奴隶组成的民族害怕它自身的英勇行为，而民众自然表现得、同时也必须表现得十分谨慎，只求卑微地活下去。关于俄国历史上最光荣

1　阿贝·德·普拉特（Abbé de Pradt, 1759—1837），法国教士，担任过梅赫伦的大主教，1812 年被拿破仑任命为法国驻波兰大使。

的为国家而献身的特点，我遇到的人没有一个愿意回答我的问题。

在和外邦人说起那件事的时候，我没有觉得我的民族自豪感受到了羞辱。当我想到这个国家的人民为了恢复独立而付出的代价，我是引以为荣的，尽管那是建立在我们士兵尸骸的基础上。防守一方证明了进攻一方的勇敢。历史会说双方同样伟大；可是，正如它的真理是不朽的一样，它还会说，防守一方是最合乎正义的。要为此负责的是拿破仑。法国当时是掌握在单个人的手里。它虽能行动，但不再思考。它醉心于荣誉，就像俄国醉心于服从一样。应该对事态发展负责的正是那些为整个民族思考的人。

罗斯托普钦 [1] 在巴黎生活了几年之后——他甚至在那里安了家——突发奇想，要回到他的祖国。但是，因为害怕他的名字所代表的爱国主义荣耀，不管那荣耀是对是错，他先让人给亚历山大皇帝看了一本小册子，然后才出现在亚历山大皇帝面前；而那本小册子的出版，纯粹是为了证明莫斯科大火是偶然的，没有统一的计划。就这样，罗斯托普钦在俄国想方设法澄清自己，说他没有做过欧洲人指

1　费奥多尔·罗斯托普钦（Fyodor Rostopchin，1763—1826），曾任莫斯科总督，在拿破仑进入莫斯科城时，据说是他下令放火烧毁了莫斯科。

控他的那件英勇的行为。对于这个生来就该服务于一个更好的政府的人，欧洲人从前惊讶于他的伟大，而在他的小册子出版之后，又惊讶于他的可怜。他隐瞒并否认自己光荣的行为，并对欧洲人企图利用别出心裁的诬陷，把一个默默无闻的将军说成是祖国救星的做法非常不满！至于亚历山大皇帝本人，他一直都在说，他没有下达过任何烧毁首都的命令。

这种争着表现平庸的做法很有特色。当我们想到这出戏的演员，总会情不自禁地对这出戏的崇高感到诧异。演员们绝不会这么费尽心思，要让观众相信他们根本就不知道自己扮演的角色。

在读罗斯托普钦小册子的时候，我相信他说的是真话。我对自己说，一个这么害怕看起来伟大的人，不可能是伟大的。要是遇到这种情况，别人说什么，我们一定要信什么。假谦虚不由自主地成了真心话，它是对渺小的名誉晋级，因为真正优秀的人不会故作姿态，他们在心里对自己是公平的；而在不得已公开说到自己的时候，他们对自己也是公平的，没有炫耀，但也没有假装的谦逊。这本奇特的小册子是我在很早以前读到的，但我一直记得它，因为当时它让我对俄国政府和民众的精神留下了深刻的印象。

还没有离开克里姆林宫，天就已经晚了。莫斯科那些庞大的建筑的颜色，以及远处高冈的颜色，都慢慢地暗淡下来。夜晚的寂静降临到这座城市。蜿蜒曲折的莫斯科河不再灿烂耀眼，西方天空的火焰也已熄灭，但这里壮丽的景色以及它所唤醒的所有记忆，仍令我心潮澎湃。我仿佛看到伊凡四世即"恐怖的伊凡"的幽灵，站在他那被遗弃的宫殿的最高的塔楼上，并在他的姐姐和朋友——英国的伊丽莎白的帮助下，在一片血海中奋力打败了拿破仑！这些幻影对那个巨人的垮台似乎欣喜若狂，而那个巨人因为命运使然，在倒下时注定要让他的两个敌人比他当初发现他们时更加强大。

英国和俄国有理由感谢波拿巴，再说它们也没有拒绝那么做。对法国而言，这不是路易十四统治的结果。欧洲的仇恨在大帝死后的一个半世纪依然没有消除，而那个伟大的上尉自从垮台后就被神化了，就连看守他的人也不害怕将他们的噪声汇入欧洲各地回响的赞美中。这是一种历史现象，我认为单是它就可以在世界编年史中占有一席之地，而且它只能用现在所有的文明国家都在流行的那种反抗精神来解释。不过，那种精神的流行快要结束了。因此，我们有望很快就可以读到根据波拿巴自己固有的优点或缺点来对他做出评价的著作，而且对法国或别的国家的现政权没有含沙射影的恶毒攻击。

我希望终有一天，这个人会得到公正的审判——无论是依据他生前的行为，还是依据他身后激起的热情，他都一样令人称奇。真理尚未触碰他塑像的基座。到现在为止，由于无与伦比的成功和不幸的双重影响，他的塑像并没有受到历史公正而严厉的审判。

无论如何，我们的后代必须知道，他所拥有的与其说是高尚的人品，不如说是对人心的控制，同时，相比于在逆境中作不屈不挠的斗争，他更善于在顺境中乘势而为。那时候——但不是说直到那时候——他在政治上的不道德和他的马基雅维利式的管理所造成的可怕的后果才得以减轻。

离开克里姆林宫的阶地之后，我回到我的房间，精疲力竭，感觉就像刚刚看了一场很惨的悲剧的演出，或者更准确地说，就像一个从高烧的噩梦中醒来的病人。

第二十八封信

莫斯科，8月12日

莫斯科的东方外观·奥拉斯·韦尔内·缺少优秀的艺术作品·俄国
人的易变·丝织厂·自由的外观·铁路·英国俱乐部·俄国人的虔诚·英
国的教会与国家·信徒与政治家·自由派在拒绝天主教时所犯的错
误·法国的政策·报纸政府·希腊和俄罗斯教会·它的各个教派以
及它们的起源·一夫多妻·莫斯科的商人·俄国的集市·莫斯科的
乡村景色·俄国人当中的酗酒现象·暗藏的诗意·顿河哥萨克的歌
曲·北方国家的音乐·哥萨克·他们的性格·他们作战时所受的影响·政
治伎俩·波兰寓言

　　莫斯科大概是俄国中部唯一有山的地区。倒不是说它
像瑞士或意大利，而是说这里到处都起伏不平，仅此而
已。但是，耸立在一片大平原中间的这些山丘所呈现的反
差，产生的效果非常突出。在那片大平原上，就如同在美
洲的稀树草原或亚洲的干草原，无论是视野还是思绪，都
变得空荡荡的。莫斯科是全景画之城。因为有居高临下的
旧址和奇形怪状的建筑——它们可以充当马丁的奇异作品
的原型——不由得让人想起我们对珀塞波利斯、巴格达、

巴比伦或帕尔米拉的印象。那些罗曼蒂克的都城，属于传说中的国度。它们的历史是诗，它们的建筑是梦。一句话，在莫斯科，我们忘记了欧洲。这一点我在法国的时候不懂，尽管描写这座城市的几乎所有的游记我都读过。所以说，他们没有尽到自己的责任。我尤其不能原谅有人不与其他人分享其造访俄国的经验。任何描述都比不上画家的素描，精确同时又生动美丽，就像奥拉斯·韦尔内[1]那样。有什么人更有天赋，能够感受到并且让别人也感受到事物内部呼吸着的精神？绘画的真谛与其说在于形式，不如说在于对象的表现：他像诗人一样理解它们，像艺术家一样摹绘它们。结果，每当感到言不尽意的时候，我就会对奥拉斯·韦尔内很生气。

在这里，风景随处可见。如果说艺术为莫斯科贡献甚微，那建筑师的随心所欲以及环境的力量却创造了奇迹。奇形怪状的大建筑和壮观的大建筑群，给想象力留下强烈的印象。必须得承认，这种享受是低级的，莫斯科不是天赋的产物，鉴赏家在那里找不到任何值得细看的艺术杰作。反倒是某个巨人种族居住的那些奇怪的、已被遗弃的地方成了杰作。那些杰作是独眼巨人的作品。在一个没有任何伟

---

1 奥拉斯·韦尔内（Horace Vernet，1789—1863），法国画家。

大的艺术家留下思想印记的城市，我们会感到惊讶，但也仅此而已，而且惊讶很快就会消失。不过，在这里，没有什么是我不能从中得到教训的，就连最初的惊奇过后的那种幻灭感也是。对于城市外貌与民众性格之间显而易见的内在联系，我的印象尤其深刻。俄国人喜欢所有耀眼炫目的东西。他们很容易受到表象的引诱。他们的幸福就在于不计代价地引起别人的羡慕。英国人是受傲慢心理的折磨，而俄国人是受虚荣心的腐蚀。

这里我觉得有必要提醒读者，泛泛的结论总被误以为不公正。我就说一遍，我的话绝不排除例外的存在，因此我要借此机会，对我的批评不适合他们的那些个人的优点和好品质，表示尊敬和钦佩。

之前已经有别的旅行家说过，我们对俄国人了解得越少，就越是觉得他和蔼可亲。俄国人反驳这些旅行家，说他们那样讲是在贬低他们自己的名声，说他们抱怨的冷漠只是证明他们缺少优点。"我们好好地招待你们，"他们还说，"是因为我们生来就热情好客；要是我们今后对你们的态度发生了变化，那是因为我们起初把你们想得太好了。"这样的回答是很久之前针对一个法国旅行家说的。那人也是一个出色的作家，但他的身份使他说得太少。这里我不打算提到他的名字或他的书。在他谨慎的叙述中，他小心翼翼披露的很少几件真相，使他非常惹人讨厌。这是他为了迎合永远不可能满足的期待，无论是讨好他们还是公正地对待他们都不可能满足的期待，而不肯发挥自己才智所造成的后果。要是勇敢地面对他们，付出的代价会少一些，而在这一点上，读者会理解我的做法。

莫斯科为其制造业的进步感到自豪。不论东方还是西方，在这里，俄国人的丝织品都可以和它们相媲美。基泰哥罗德商业区，以及拥有最考究的店铺的元帅桥大街，都属于城里有趣的地方。我之所以说起它们，是因为在我看来，俄国人为了摆脱其他国家工业的盘剥而付出的努力，在欧洲会产生重要的政治影响。在莫斯科随处可见的自由是虚幻的，然而不可否认，在它的大街上，人们似乎在随意走动，他们想什么和做什么是由着他们自己的。在这个方面，莫斯科与彼得堡很不一样。在造成这种差异的诸多原因中，我认为首先是它所在的地区极为广袤，而且地表富于变化。空间和不平等（这里我完全是按照其本义来理解这个词的）是自由的两大要素，因为绝对的平等是暴政的同义词，尽管会被套上枷锁的正是少数。自由与平等通过保留和联合而互相排斥——这多少有点玄妙——这在保留事物名称的同时又抵消了它们的影响。

在其作为首都的那个国家，莫斯科几乎被遗忘了，正因为如此，它的建筑才打上原创的印记，它的居民才有截然不同的自由的神态，而沙皇们也才有小小的癖好，喜欢外表非常独立的住所。沙皇们逃离了莫斯科；这些古代的暴君，本来已经因为将其变成皇帝，甚至变成和蔼可亲的人的时尚而变得温和了。他们更喜欢彼得堡，尽管它有很多不便，因为他们希望能与西欧经常往来。彼得大帝塑造的俄国，不是把生活和学习交给自己。在莫斯科，他们要想得到从巴黎传来的一点点当前的趣闻轶事和小道消息，以及欧洲毫无生命力的文学作品，那需要一周以上的时间。这些在我们看来不值一提的小事，却是能让俄国宫廷以及俄国兴奋起来的大事。

如果在一年的六到八个月当中，冰雪或融雪没有让这个国家的铁路瘫痪，我们就会看到，俄国政府在建筑那些可以说在让地球变得越来越小的道路方面，超过了其他所有政府，因为距离给那个政府带来的不便超过了其他任何政府。但是，虽说旅行的速度在加快，可对于思想的传播来说，国土的广袤永远是主要的障碍，因为陆地不像海上那样四通八达。乍一看，大海似乎注定要把世界各地的居民分开，实际上，它却是把他们连成一体的媒介。多么奇妙的问题！人，天主的囚徒，却可以成为万物之王。

当然，如果莫斯科是座港口，或者是那些金属轨道——

那些人类思想的导体，注定了会在某些方面满足我们时代躁动的精神——所构成的巨大网络的中心，那我们就不会看到昨天我在英国俱乐部看到的一幕：军人，还有各种年龄的时髦人物，严肃的人和轻佻的年轻人，要先画十字并静默一会儿，然后才坐下就餐——不是家常便饭，而是桌菜。那些否认所有宗教的人（这样的人相当多）注视着其他人，一点不觉得意外。依然可以看到的是，巴黎与莫斯科相隔了足有八百里格。

俱乐部拥有的那座宫殿又大又漂亮。整个俱乐部设计得很好而且管理得井井有条，一切都跟其他地方的俱乐部差不多。对此我并不感到意外，但俄国人的虔诚我是真的很佩服，也跟介绍我的人说过这一点。

晚餐后我们在俱乐部的花园里一起交谈。

"不能根据外表来对我们作出判断。"我的同伴答道。正如我将要指出的，他是最开明的俄国人之一。

"恰恰是这种外表，"我回答说，"让我心中对你们国家产生了敬意。对我们来说，人民仅仅厌恶伪善，不过，愤世嫉俗的嘲讽对社会的伤害更大。"

"是的，但心灵高尚的智者对它不是太讨厌。"

"我也这么想，可是，每当多疑的心灵以为它看到在人的内心不太像人的言行所表现的那么虔诚，它就会大叫大嚷，说是亵渎神明，这究竟是依据什么样奇怪的念头呢？如果我们哲学家的思想表里如一，他们就会容忍虚伪成为国家机器的支柱之一。信仰是比较宽容的。"

"没想到您为虚伪辩护！"

"我憎恶它，认为它在所有的罪恶中是最可恶的，但我要说，虚伪损害的仅仅是人与天主的关系，它对于社会的危害比不上赤裸裸的怀疑，而且我坚持认为，只有真正虔诚的人才有权利用亵渎这个说法来描述它。不信教的智者，通晓哲学的政治家，应该用迁就的眼光来看待它，甚至可以利用它作为辅助的政治工具。不过，这种事情在法国不常发生，因为高卢人很真诚，反感利用虚伪来统治人，但是有个竞争对手，一个善于算计的国家，比我们更清楚如何利用随便杜撰出来的东西进行统治。英国在观点与目标方面讲究实际的特点，超过了其他所有国家，所以英国的体制对于神学上的矛盾和宗教上的虚伪比较开明。自从特伦托大公会议对君主和人民的合理要求作了公正的评判之后，英国教会所作的改革无疑要比天主教会少很多。借口滥用权力而破坏统一，同时为了消除滥用权力而让人僭取了成立教派的灾难性权利，从而让那些滥用权力的现象永远存在下去，这样做很荒谬。不过，建立在特有的矛盾之上并且靠冒用权力来维持的英国教会，在帮助该国继续征服世界方面仍然是有用的，而该国也用虚伪的保护来回报它。所以我坚持认为，这些表里不一和虚伪的现象，虽然在真正虔诚的人看来很可恶，但不应该让政治家或哲学家感到震惊。"

"您不是在说英国国教会中根本就没有好基督徒吧？"

"不，我只是说，在这样的基督徒中，大多数人的想法都没有逻辑。所以我不会为法国羡慕英国的宗教政策，虽然我在这个国家所到之处都会赞赏俄国人在宗教上的顺从。在法国人当中，有影响的教士在强大的智者看来全都是压迫者。过去的一百三十年来，那些智者虽然在支配着国家，却一直要么是公然利用他们的革命狂热，要么是暗中利用他们的哲学家式的冷漠，让国家失去凝聚力。"

我与之交谈的那个实际上非常开明的人似乎在严肃地思考，然后，在沉默了很长时间之后，继续说道："我和您的分歧可能不像您想象的那么大；因为自从我旅行以来，有件让我觉得很矛盾的事情一直困扰着我，那就是自由派对天主教不友好的态度。那些人甚至自称是该教会的教徒。这种智者——因为有些人讲道理讲得很清楚、很透彻——怎么就不明白，拒斥天主教会让他们失去保障，无法抵御当地的专制统治，而那是所有政府，不管是什么性质的政府，永远都想实行的？"

"您说得对，"我回答说，"但世人是由常规来引导的，而且那些最有力量的智者大声疾呼了几个世纪，反对罗马的不宽容和贪婪，以至于人们还没有习惯改变自己的观点，从教会的精神领袖和宗教自由的坚定不移的支持者身份，以及从世俗君主的身份来看待教宗，把他视为一种值得尊敬的、因为自身的双重职责而陷入困境的力量；而这样的困境，如果他想维持自己的独立性，也许是不可避免的。人们怎么就不明白，一个国家，如果真心实意地信奉天主教，必然会成为英国的对头，因为英国的政治权力完全是基于异端邪说？让法国用信念的力量去拯救和捍卫天主教会的旗帜吧，而且它将单单通过这样的行动，从世界的一端到另一端，对英国发起强有力的战争。这些事实应该打动所有的心灵，可到现在为止，仍然只是一些利益相关方想到过它们，因而还缺少分量；因为我们时代还有个奇怪的特点，那就是在法国，如果有人被怀疑与坚持正确的看法有任何利害关系，那就会认为他是错的。这样的思想混乱是五十年的革命以及一百多年的哲学和文学上的多疑造成的。所以，难道我没有充分的理由羡慕你们有信仰吗？"

"但你们宗教政策的结果会把国家置于神父的脚下。"

"对宗教问题夸大其词是我们时代特征最糟糕的标志；但是，如果信众的虔诚是有害的，就如它在我看来是无害的一样，我是不会在事关原则的重大问题上退缩的。所有想在这个世界上做点实实在在的事情或者得到点实实在在的东西的人，都不得不——用您的话来说——把自己置于某个人的脚下。"

　　"不错，但我宁可讨好记者的政府也不讨好神父的政府，因为思想自由的好处抵消了它的麻烦。"

　　"假如您像我一样生活在它的统治下，并像我一样看到法国大多数期刊主管暴君般的头脑，以及他们的专制权力所造成的后果，您就不会那么满足于思想自由这个诱人的说法了。您就会寻找事情的真相，并很快发现，记者在行使权力的时候，就和教会权威一样不公正和不道德。暂先抛开政治话题，就问一问那些报纸，在它们给予每个个体声誉或信誉的时候，它们是受什么支配的！任何权力的道德性都取决于注定要行使权力的人必须上过的学校。现在您不会认为新闻学校比司铎学校更能在人的内心唤起真正人道和独立的感情吧。所有的问题都在这里，而法国有责任去解决它。

　　"不过，不再去谈一般性的考虑了，跟我说说宗教在你们国家的实际状况。请告诉我，在俄国，宣讲福音的人的思想是怎样培养的？"

　　虽然我是在对一个头脑优秀的人说话，可要是在彼得堡，这个问题就会有点冒失。在莫斯科，因为信赖在这座城市中流行的那种神秘的自由的气氛，我觉得可以冒个险，尽管对于那种自由的气氛，我们也是说不清、道不明，而且它所唤起的信任感有时还必须付出昂贵的代价。（作者附释：读者后面会从一个法国公民遭到任意拘押的例子中看到这样一种信任的危险性。）下面是我的俄国哲学家回答的大致内容——我是在最好的意义上使用哲学家这个词的。在几个不同的欧洲国家度过了若干年之后，他回到俄国时非常开明，但也非常表里如一。他当时是这样回答的："分裂派的教堂一向很少有布道，而在我们当中，政治和宗教当局比在其他地方更反对神学讨论。每当有人希望开始就罗马与拜占庭之间有争议的问题进行辩论的时候，就会强行要求双方保持沉默。有争议的都是些鸡毛蒜皮的事情，结果，争吵只会由于无知而永远存在。几个公共教育机构会时不时地进行一些宗教教导，但这仅仅是得到容忍的，而且往往遭到禁止。宗教在俄国不是公开教授的，这是一个确凿无疑的事实，尽管在您看来，这也许难以置信。结果就出现了许许多多的教派，对于它们，政府是不会容忍你怀疑其存在的。

"有个教派承认多妻制，还有个教派走得更远，不但坚持这一原则，而且主张异性之间的乱交。

　　"我们的神父甚至不允许撰写历史著作。我们的农民对于《圣经》中一些段落的理解，总是断章取义，常常造成某种新的、带有最普遍的加尔文主义性质的异端。在村里的权威发现之前，它已经控制了村民的头脑，而且常常在邻近地区的居民中传播。如果神父公开处理此事，受到毒害的农民就会被送去西伯利亚，那样，地主的土地就会无人耕种，因此，如果地主事先知道情况，就会想方设法让当地的神父保持沉默，结果当这种异端最终事发并引起最高当局注意的时候，分离者的数量已经多到没有办法再对他们采取措施了。暴力会将问题公开化却无法消除它，说服又会为讨论打开大门，而这在一个握有绝对权力的政府眼中乃是万恶之首，所以他们什么也做不了，只能保持沉默，并以此来掩盖罪恶。问题没有得到纠正，反而逐渐扩散开来。

　　"将会导致俄罗斯帝国灭亡的正是宗教分裂，所以像您那样羡慕我们信仰的力量，其实是在不了解我们的情况下对我们做出的评价。"

　　这就是我在俄国遇到的目光最锐利而且态度最诚恳的人的看法。

　　　　　　　　　　　　　　Letters from Russia

有个早就在莫斯科站稳了脚跟而且值得信赖的外国人，也告诉我，几年前，他曾经与彼得堡的一位商人以及那位商人的三个妻子——不是三个情妇，而是三个合法的妻子——一起吃过饭。这位商人是个持异议者，是某个新教派的秘密成员。我推测他的三个妻子为他所生的孩子不会被国家承认为合法的婚生子，但是作为基督徒，他的良心依然没有不安。

如果我是从本地人那里听说了这件事情，我可能就不会讲它了，因为有些俄国人为了寻开心而喜欢编造谎话，以便迷惑过于好奇或过于轻信的旅行家。这种情况往往会妨碍那些认认真真做事的人——我指的是观察家做的事；这种事无论在哪里都很困难，但在这里是加倍的困难。

在莫斯科，商人团体非常强大，非常古老，也非常受人尊敬。这些富商的生活让人联想到《一千零一夜》中描写得很生动的亚洲商人的状况和生活方式。莫斯科与巴格达之间相似的地方，多得让人在俄国旅行的时候，连想看看波斯的好奇心都没有了，因为我们已经知道它了。

我刚刚参加了在新圣女修道院周围举行的民众盛会。士兵和农民是演员，观众是上层阶级的人，他们到那里去的人很多。喝酒的帐篷和临时搭的棚子设在靠近公墓的地方。这个节日，或者说集市，是为了纪念俄国的某个圣徒，在饮用格瓦斯的间歇会隆重地瞻仰他的遗物和肖像。今晚这里喝掉的那种含酒精的民族饮料，数量多得惊人。

能行奇迹的斯摩棱斯克圣母像——别人说那是复制品——就保存在这座修道院。修道院里有八座教堂。

傍晚的时候，我进了最主要的一座教堂。它的外表十分雄伟，昏暗的天色助长了这种印象。修女们在装饰小礼拜堂的祭坛；她们显得特别细心，而对于她们来说，这项工作无疑是最容易的。至于比较难一点的，有人告诉我，做得不是太好。如果相信消息灵通人士说的话，那么在莫斯科，宗教界的行为根本就不能启发人。

教堂里有几位皇后和公主的墓寝，包括彼得大帝的姐姐、充满野心的索菲亚，还有彼得大帝的第一任妻子叶夫多基娅。这个不幸的女人，我记得是在 1696 年被废，被迫到苏兹达尔当了修女。

天主教会十分尊重不可解除的婚姻纽带，所以不允许已婚妇女加入任何修会，除非她的丈夫也那样做，或者像她一样立下隐修的誓言。教规是这样的，虽然对我们和对其他人一样，规则的制定常常要屈从于利益。

1731 年，这位曾经贵为皇后的修女在莫斯科这所修道院去世。

总的来说，俄国的修道院看起来不像隐修的地方，倒像是一些小的住宅聚拢在一起，像是城里用围墙分隔开来的一个区。因为常常要拆掉重建，它们的样子比较现代。在这种气候下，无论什么都抵挡不住风雪的侵蚀。整个国家看上去就像是刚刚建立的殖民地。只有克里姆林宫，帝国的象征和支柱，似乎注定了要勇敢地面对暴风雪，注定了要与帝国一样长久。不可改变的事物的观念总是庄严的。

莫斯科的景点很多。你在街上只能看到街边的房子。但是，穿过一个巨大的广场，打开一扇窗户，或是登上一处阶地，你马上就会发现一座新城，散布在一座座被山谷隔开的高冈上，山谷里有麦田、水潭甚至树林。这座城围住的地方高低不平，就像海里的波浪。不管表面如何汹涌，从远处望去，大海总归像是平原。

莫斯科这座城市适合于小品画家，但建筑师、雕塑家和历史画家就没有用武之地了。一个个大建筑群孤零零地坐落在荒漠中，构成一幅幅动人的画卷。这座古都虽然人口众多，却是唯一仍然保留着所有风景如画的乡村特色的大城市。城里面有多少街道就有多少空旷的小径，有多少建有房屋的高冈就有多少耕地，有多少公共广场就有多少没有人烟的山谷。离开拥挤的市中心，我们发现自己置身于很多湖泊、森林和村庄之间，而不是在一座城市里。这里是宏伟的修道院，顶上带有许多尖塔；那里是一直到顶都建有房子的高冈；其他还有些地方只长着谷物，小溪在庄稼地里蜿蜒流淌；再远一点就是一些孤零零的大建筑，风格独特而且多样；它们中有带有古式柱廊的剧院，还有用原木建造的宫殿，那是唯一带有民族特色的私人居所。这些各式各样的建筑全都掩映在绿叶中，而在整个这种富有诗意的装饰之上的，则是古老的克里姆林宫，连同它带有雉堞的宫墙和奇形怪状的塔楼。斯拉夫人的那座帕特农神庙俯瞰并保护着莫斯科。它让人想起了端坐在元老院中央的威尼斯总督。

今晚在新圣女修道院庆祝节日的人们聚集的帐篷里，散发出各种各样的气味，混合在一起使得空气十分难闻。有洒过香水的俄国皮革、烈酒、酸啤酒、卷心菜、哥萨克靴子上的油脂，以及很多打扮入时的闲逛者身上的麝香和龙涎香——他们似乎下定了决心，要忍受无聊带来的痛苦，哪怕是仅仅出于贵族的骄傲。我发现长时间地呼吸这种有害的空气是不行的。

人们最大的乐趣就是把自己灌醉了，换句话说，就是把什么都忘掉。可怜的人哪！如果他们是幸福的，那他们肯定是在做梦。俄国人好脾气的一个证据是，当农民有点醉意的时候，这些很粗野的人不但没有发怒，反而变得温和了。和我们国家争吵打斗的醉鬼不同，他们会哭泣并且相互拥抱。真是一个奇怪而有趣的民族！让他们幸福会是很愉快的。但这项任务即便不是不可能，也很困难。告诉我如何才能满足一个年轻、懒散、无知、野心勃勃并且受到很多束缚，连手脚都几乎动不了的巨人的模糊的欲望。我既同情这个国家的人民，也同情他们那个无所不能的统治者。

我很快就离开了这些小酒馆，走到广场上。在那里，闲逛的人们扬起阵阵尘土。雅典的夏季很长，但白天短，而且有习习海风，气温绝不比北方的莫斯科在短暂的高温期更热。不过，今年让人难以忍受的夏天现在快要过去了。夜晚回来了，冬天很快也接踵而至。集市另一边，远处的松林像黑色的腰带一样环绕在城的周围，斑斓的暮色在漫长的黄昏中慢慢地消散，越发让人觉得北方风景的单调乏味。在北方的脸上，诗是用神秘的语言写的，那语言我们不懂。

走在这片受压迫的土地上，我听到了，但没能听懂，一个无名的耶肋米亚的哀歌。专制制度定然会生出先知，未来是奴隶的天堂和暴君的地狱！悲伤的歌曲中的几个音符、躲闪、狡狯、鬼祟的眼神，这些很容易为我解释这里人们心中的想法，但是，只有年轻——尽管它不太被珍惜，可相对于比较成熟的年龄而言，更适合学习——才能让我彻底明白，他们的悲伤之诗的全部奥秘。我庆幸自己看到了这个节日，那么缺少欢乐，但也那么与众不同。在满广场闲逛和喝酒的人们当中，可以看到很多哥萨克。他们默默地围在一些歌者周围，那些歌者的尖嗓子用柔和悦耳的曲调唱出了忧郁的歌词。曲调柔和悦耳，但节奏非常明显。那是顿河哥萨克民族歌曲的调子，有点儿像某些西班牙的老歌，但更为悲伤。它柔和而又刺耳，就像夜晚从远处密林中听到的夜莺的鸣叫。周围的人们不时地齐声重复一节中最后的几个词。

下面散文式的译文，是一个俄国人刚刚为我一行行翻译的。

年轻的哥萨克
他们高声发出警报，
我的战马用蹄子刨着地面；
我听到它的嘶鸣，
啊！出发！

年轻的姑娘
让别人赶去送死吧：
你太年轻，太温和，
现在该照看我们的小家；
你不能跨过顿河。

年轻的哥萨克
敌人，敌人，去拿武器！
我要为你而战：
如果说在这儿温和，可面对敌人，
虽然年轻，我仍勇敢。
若我畏缩不前，
老哥萨克会愤怒和羞愧得脸红。

年轻的姑娘
看到你的母亲在哭泣，
看着她渐渐消失的身影；
在敌人出现之前，
我们会成为你愤怒的受害者。

年轻的哥萨克
当他们谈起这场战斗，
他们会把我叫作胆小鬼：
可要是我死了，而且同志们颂扬我的名字，
你的泪水很快就会干了。

年轻的姑娘
永远不会！我们将长眠在同一座黑暗的墓穴；
如果你必须去死，我会跟着你。
你走吧！可我们仍会一起倒下：
再见吧！我的泪已流干。

  这些歌词所表现的情感似乎是现代的，但歌曲有一种古朴的魅力，会让我心甘情愿花上几个小时去听本地人反复哼唱。

这种音乐让我想起他们从前在巴黎跳过的俄罗斯舞。可在现场听到的时候，民族歌曲产生的印象要比在别处强烈得多。在北方人的歌曲中，忧郁多过了激情，但它们给人的印象是忘不了的，而比较生动的情绪却很快会消失。忧郁比激情更持久。听了一会儿这首歌曲之后，我发现它不那么单调，而且还比较有表现力，这是朴素的音乐通常会有的效果；重复给了它新的力量。乌拉尔地区的哥萨克也有他们特有的歌曲，可惜我没有听过。

这个民族的人值得专门研究，但如果是由像我这样匆忙的外邦人来做，是不容易做好的。哥萨克组成了一个军事氏族，一个被征服的游牧部落，而不是一支受到纪律约束的部队。他们像狗依附于主人一样依附于他们的首领，他们服从命令时要比其他俄国士兵带有更多的爱戴和更少的奴性。在一个无论什么都不明确的国度，他们把自己看作盟友，而不觉得自己是帝国政府的奴隶。他们的活力，他们的游牧习惯，他们马匹的速度和勇气，人和畜生协同行动的坚忍与技巧，他们共同忍受疲惫和艰难困苦的能力，本身就构成了一种力量。这些野蛮人身上的地理学本能让人不能不佩服，也使得他们可以在入侵的国家中，不管是最荒凉、最贫瘠的沙漠，还是最稠密、最文明的地区，给军队充当带路的向导，而且不管是什么路。战时在敌军当中传播恐怖情绪的，难道不正是哥萨克这个名字？知道如何去利用这样一支轻骑兵的将军，拥有一种可供他们支配的作战手段，而最文明的军队的指挥官是不可能得到的。

据说哥萨克生性和蔼可亲。在一个如此粗野的社会，想不到他们会那么温和，那么通情达理，但他们的极端无知在他们自己以及他们主人身上造成的后果是可悲的。

当想到他们的军官是如何利用士兵的轻信时，对于那个竟然堕落到采取如此伎俩的政府，或者说，对于那个不惩罚胆敢采取如此伎俩的公务人员的政府，我不禁义愤填膺。

我从非常可靠的渠道听说，1814—1815年的战争期间，许多哥萨克首领带着手下离开家乡的时候对他们说："杀掉你们的敌人；进攻时不要害怕。如果你们在战斗中倒下，不出三天，你们就会与你们的妻子和孩子重新团聚；你们会再次复活，无论是肉还是骨，躯体还是灵魂。所以，你们有什么好怕的呢？"

习惯于从军官说的话中认出天父声音的士兵，别人说什么他们就信什么，所以作战时表现出了我们都熟悉的那种勇气，也就是说，当他们能够逃脱危险的时候，就会像四处抢劫的强盗一样逃走，而当死亡不可避免的时候，又会像战士一样去面对它。用合法的手段去激励士兵勇敢地面对死亡，这是指挥官的责任，但用欺瞒的手段带领他们走向死亡，会使他们的勇气丧失所有的美德，使他们的奉献丧失所有道德上的尊严。如果战争像某些人声称的那样，可以为任何事情开脱，那用什么来为战争开脱？

有没有可能不带有恐惧和厌恶，为我们描绘出像那样来管理军队的国家的道德状况？这个特点被我碰巧知道了，但是，肯定还不为人知的类似的或更糟糕的还有多少啊！人们一旦利用愚蠢的伎俩管理自己的同胞，他们哪里还会停下来？我要用一则寓言来作为结尾。这则寓言似乎是专门为了证明我有理由感到愤怒而写的。它是在腓特烈二世统治时期，一个以风趣闻名的波兰主教想出来的。法语的仿作是由埃尔泽阿·德·萨布朗伯爵 [1] 写的。

牲口
——寓言

有个精明的车夫赶着一辆马车，
马车套了四匹马，前后各一对；
待马儿鞍辔加身，
车夫开始训话。
他对后面的两匹马说，

---

1 根据英译者的注释，埃尔泽阿·德·萨布朗伯爵（Count Elzéar de Sabran）是作者的舅舅。

你们两个不能跑到前面去；
他又对前面打头的两匹马说，
你们两个不要被后面的超过去，
也不要由着自己的性子。
这时，有个路人经过，
看着这一切，对车夫说：
这些可怜的马儿，您在欺骗它们。
没错，车夫答道，可马车就是这么赶的。

第二十九封信

莫斯科，8月

鞑靼人的清真寺·莫斯科蒙古人的后代·索卡雷夫塔楼·巨大的蓄水池·拜占庭建筑·社会公共机构·皇帝无处不在·斯拉夫人与德意志人的性格差异·贵族俱乐部·俄国人的礼貌教育·上层阶级的习惯·俄国的咖啡屋·旧时农奴的宗教信仰·莫斯科的社交·城里的乡间宅邸·真正的礼貌·对俄国人性格的评论·他们不够大度·对仁慈法则的蔑视·俄国人迷人的风度·他们的多变·波兰人和俄国人的相似之处·莫斯科的放荡行为·专制的道德后果·关于现代文学的评论·酗酒是最上层阶级的一个坏毛病·俄国人的好奇心·对某某公爵及其伙伴的描写·女修道院中的谋杀案·宴席上的交谈·克里姆林宫的洛夫莱斯·讽刺性的请愿书·现代的假正经·与某某公爵道别的场景·穿着考究的马车夫·市民妻子的道德·专制造成的放荡·放纵代替了政治自由·农奴及其他阶级的状况·俄国人野心的实质·彼得大帝体制的结果·俄国真正的力量·真相的危险性·俄国吉卜赛人演唱的歌曲·迪普雷完成的音乐革命·俄国的剧院·俄国人对法语的理解很肤浅·俄国人的小书柜·俄式四轮马车·俄国人的距离概念·俄国人性格中一个可贵的特点

前两天我看了很多地方，其中包括鞑靼人的清真寺。征服者的宗教如今保留在被征服者首都的一隅，而这样做的条件只是，基督徒可以自由出入伊斯兰教徒的圣所。

清真寺又小又破。允许在那里礼拜神和先知的人外表都很可怜、胆小、邋遢和贫穷。他们每个周五都来到这座寺里，伏在随身携带的一块肮脏的毛毯上。他们那优雅的亚洲长袍破烂不堪，他们自己的境况也很糟糕，所以尽量与周围的居民分开居住。看到这些人像乞丐一样伏在现在属于俄国的土地上，很难想象他们的祖先对莫斯科人施加的暴政。

征服者倒霉的子孙在莫斯科从事食品等必需品以及亚洲商品的买卖，并尽可能地坚持他们的宗教习惯，不喝葡萄酒和烈酒，把他们的女人关起来，至少也要让她们蒙上面纱，以免被别的男人看到。不过，这样做没什么必要，因为蒙古人种没什么吸引力。高颧骨，塌鼻子，小而凹陷的黑眼睛，卷头发，油腻腻的黄皮肤，身材矮小，外表肮脏邋遢，这就是我在这个已经退化的人种当中的男人，以及我能瞥见其面容的少数女人身上留意到的特点。

难道不可以说，从个人的命运来看很难理解的神之正义，在民族的命运中却变得十分明朗？每个人的生命都是一出戏，在一座剧院上演，但戏中情节的解释是在其他剧院的舞台上。民族的生命不是这样，其具有教育意义的悲剧是在地球上开始和结束的，正因为如此，历史才成为神圣的经卷，成为天主的证明。

圣保禄说过，"每人要服从上级有权柄的人，因为没有权柄不是从天主来的"。对他而言，近两千年前，教会召唤人们摆脱孤立状态，使他们受洗加入一个永恒的社团，其他所有的社团都不过是它不完美的表现形式。这些真理并非凭空杜撰，相反，它们得到了经验的证实。我们对于生活在同一个地球上的各民族的特点研究得越深，就越是看得清楚：它们的命运乃是自身宗教的结果。社会要长久，宗教就不可或缺。自然状态充满了暴力和罪恶。为了超越所谓的自然状态，人需要信仰超自然力量，被压迫种族的苦难不过是对它们在信仰问题上自愿犯下的错误的惩罚。这是无数次的旅行在我心中逐渐形成的信念。每个旅行家都必须变成哲学家，而且不仅是哲学家，因为只有成为基督徒才能在思考分散在地球上的各个种族的状况时不至于感到震惊，才能在思考天主的安排时不至于感到绝望。天主乃是世事无常的神秘的原因。

我是在记录拔都的子孙们祈祷时我在清真寺里想到的事情。拔都的子孙现在成了他们以前征服过的那些人当中的贱民。俄国的鞑靼人现在的地位还不如莫斯科大公国的农奴。

俄国人因为宽容自己古代暴君的信仰而受人称道。我发现这样的宽容更多带有炫耀的性质，而不是因为大度，而且对于被宽容的对象来说，那不过是又一个耻辱。毫不宽容的蒙古人曾经做过俄国那么长时间的主人，并成为世界恐怖的根源，如果我处在他们后代的位置，我宁可在我的内心深处，也不在古代纳贡者施舍的清真寺的阴影中向神祈祷。

当我既无目的也无向导地在莫斯科闲逛的时候，我一点也不觉得厌烦。每条大街，每条通道，都好像是一座新城。城里到处都是装饰繁复、有门洞和雉堞的城墙，城墙上有塔楼，辅以大量的角楼和瞭望塔，看上去就像用魔法招来的魔仆所建。另外还有外表充满诗意，名字饱含历史，作为帝国根基和城市心脏的克里姆林宫，而且它对于我来说就是整个莫斯科。我回到那里，总能发现新的吸引人的东西，但必须小心，不要细看这座用城墙围住的山丘上杂乱无章地堆砌起来的建筑群。俄国人缺乏敏锐的美感，也就是没有能力给原创性的概念寻找最合适的表现形式。不过，当巨人模仿的时候，它们的仿制品总是拥有某种美：出于天赋的作品是宏伟的，出于体力的作品是伟大的，而且单单是这一点就很了不起。

为了让我的头脑暂时摆脱可怕的克里姆林宫，我参观了索卡雷夫塔楼；它建在高地上，靠近城的一个入口。塔楼的底层非常大，里面有巨大的蓄水池，莫斯科几乎所有的饮用水都要从那里分配给城市的各个部分。这座带有围墙的高湖，给人的印象非常奇怪。建筑厚重而阴沉，但拜占庭式的拱廊、大段的台阶以及东罗马帝国风格的装饰，使得整体的效果十分雄浑。这种风格在莫斯科一直存在，如果运用得法，它会创造出唯一适合俄国人的民族建筑，因为它虽说是在温带发明的，可既符合南方人的习惯，同样也符合北方人的需要。拜占庭建筑的内部非常像是装饰过的地窟。巨大而坚固的拱顶以及灰暗的四壁可以抵御严寒，也可以遮挡阳光。

我还参观了大学、士官学校、圣叶卡捷琳娜以及圣亚历山大的社会公共机构、收留寡妇和弃婴的慈善机构，外表全都十分庞大和气派。俄国人很自豪，因为他们有那么多富丽堂皇的公共建筑可以示人。至于我，倒情愿少一点这种华而不实的东西，因为在这些豪华而又单调的白色宫殿里闲逛是最没有意思的；那里的一切都是按照军队的秩序管理的，而且在那里，人的生活似乎已沦为钟摆的活动。

读者想必从别人那里听说了在这些培养军官、一家之母和家庭女教师的实用而奢华的地方可以看到的东西。对我来说，只要说这些半政治、半慈善的机构就像是良序、关爱和洁净的典范就行了——这是件不但给帝国的最高首脑，也给各个学校的校长脸上增光的事情。

要想忘掉那个人，忘掉俄国要靠他才能活着、思考和行动的那个人，哪怕是忘掉片刻也不可能。那个人就如同其臣民的知识和良心，支配、估量和分配着对于其他人来说是必需的或者可以拥有的东西。那些人谁也不可以在最高智慧划定的范围之外去思考、感觉、想象或者做出决定。最高智慧能够预料，或者说应该能够预料，国家和个人的所有需要。

在我们当中，人们对于不拘一格的多样性已经厌倦了，可在这里，使人丧失行动勇气的统一性，以及让人变得僵化的墨守成规，到现在还不能与秩序的观念分开，结果导致我们憎恨本该去热爱的东西。俄国，那个还处于摇篮期的民族，不过是所巨大的学校，那里的一切都是按照军校的样子管理的，唯一的区别在于，学员不死就不能离开。

在俄国政府的精神中，凡是属于德意志的，都与斯拉夫人的性格格格不入。后者是东方的，冷漠、任性而又充满想象力。如果他们说出自己的想法，他们就会强烈抗议自从阿列克谢、彼得大帝以及叶卡捷琳娜二世以来，被一帮外国君主强加于他们的德意志式的纪律。皇帝家族虽然竭尽全力，可条顿人的血统总是太浓，没有办法不用暴力去统治俄国人，没有办法感觉到与他们是一体的。（作者附释：罗曼诺夫家族原本就是普鲁士人，而且自从把他们送上宝座的那次选举以来，他们通常都是与德国的公主通婚，这与古代莫斯科大公国君主的习惯相反。）唯有农民上当受骗。

为了尽到旅行家观光的义务，我竟然让人把我带到一所骑术学校。我相信那是现存最大的骑术学校。天花板是用又轻又陡的铁拱支撑的。整个建筑可以说非常了不起。

贵族俱乐部在现在这个季节不开放。职责使然，我也参观了那里。叶卡捷琳娜二世的雕像在主礼堂。这座礼堂饰有若干立柱和一个半圆形大厅，大概可容纳三千人，冬天的时候可以举办盛大的舞会。我有充分的把握相信这一点，因为俄国的贵族非常喜欢炫耀。对于他们来说，引起赞叹就等于展示文明。一百年多一点之前，彼得大帝给他们颁布了第一部关于礼貌的法律，组织旧欧洲那样的聚会，强迫男人接纳异性进入这些圈子，并且要他们到了室内就摘掉帽子。他虽然用那样的方式教会他们日常的修养，自己却干起了最卑贱的刽子手行当。有人看到他一个晚上就亲手砍掉了二十颗脑袋，并听到他吹嘘自己的本领。真不愧是几位伊凡的传人，这就是他让俄国人受到的教育和给俄国人树立的榜样！他们竟然还把他奉若神明，把他视为俄国君主不朽的典范！

这些刚刚开化的人，还没有失去作为暴发户对于一切能够引人赞叹的事物，对于一切能够吸引眼球的事物的喜好。儿童和野蛮人总是喜欢这些东西。俄国人属于儿童，有这种习惯，但没有体验过不幸，所以他们的特点是既轻浮又尖刻。平静而稳定的生活的种种享受，只适合满足亲密的爱的需要，只适合给交谈和心灵带来乐趣，根本不会让他们感到长久的满足。这不是说这些大地主对于高雅的乐趣一窍不通，而是说，为了抓住这些假总督傲慢、轻浮的心灵，为了让他们漫无边际的想象集中起来，生动的刺激必不可少。声色犬马和虚荣心的满足，绝不能填补他们餍足而空虚的心灵。天主的造物没有可供这些不幸成为财富和懒惰的牺牲品的人用来打发无聊时光的东西。他们陷入了他们引以为傲的可悲境地，无奈之下便呼唤毁灭的精神。整个现代欧洲都在受无聊的折磨。正是这一点证明了如今的年轻人过的是怎样的生活，但俄国因此所受的痛苦更甚于其他社会；因为在这里，一切都是过分的。很难描述社交在莫斯科那样的人口中受到的破坏。在我看来，无聊，也就是根本没有激情的人的激情，在灵魂中所造成的精神疾病，无论在哪里都没有在俄国上层阶级中那样严重或频繁。可以说，在这里，社交是从对它的滥用开始的。当恶行不足以让人心摆脱折磨它的无聊时，接下来，心灵便开始犯罪。

俄国咖啡屋的内部非常奇怪。它通常是一个又大又矮的套间，光线很暗，而且一般是在房子的一楼。侍者穿白衬衣，衬衣的腰间束着带子，并像古代的短袖束腰外衣一样，垂在宽松的白裤子外面。他们的头发长而顺滑，与所有底层俄国人的头发一样；他们的整个装束就像是法兰西共和国时期有神博爱教的成员，或者在异教成为剧院时尚时歌剧中的祭司。除了咖啡和烈酒，他们还提供好茶，实际上，比在其他任何地方发现的都好；但是，他们在服务时肃静的样子，与巴黎咖啡馆喧闹、快活的气氛截然不同。在俄国，所有的大众娱乐都显得很忧郁。欢乐被视为特权，所以我总觉得它是假装的、做作的、夸张的，还不如悲伤来得自然。在这里，放声大笑的人要么是演员和醉鬼，要么是马屁精。

这让我想起了悲惨而又天真的俄国农奴以为天堂只是为他们主人准备的时代。多么不幸的谦卑！这就是希腊教会把基督教教给民众的方式。

莫斯科的社交界是令人愉快的。旧世界的家长制传统加上现代高雅的举止，形成了一种可以说是具有独创性的结合。古代亚洲好客的习惯与文明欧洲优雅的语言，在地球上的这个地方相遇，让生活变得舒适而轻松。位于两大洲交界处的莫斯科，标志着在地球的中央，在伦敦与北京之间，有一个可以休息的地方。

几封介绍信便足以把一个外邦人与一群要么在财富和地位上，要么在才智上非常突出的人联系起来。在这里，旅行家的初次亮相十分容易。

几天前，有人请我去一处乡间宅邸吃饭。那是一座楼阁式建筑，就在城内，但要到达那里，必须穿过一里格多干草原一样的田野，绕开几座互不连通的水潭，而在最后，走近那座宅邸的时候，看到在花园的对面有一处幽暗的冷杉林，那是莫斯科外围的边界。在一座可以发现现代文明所有奢侈、精致的享受的城市，见到这些幽深、隐秘的地方，这些庄严、僻静的地方，有谁会不心动？这样的反差是这里特有的，别处根本看不到。

我进了一座木构宅邸——那是另一个独特的地方。在莫斯科，无论贫富，都要靠厚薄不一的木板遮风挡雨，就像在原始的村舍。但是这些大的木屋内部，就如同欧洲最精美的宫殿一样奢华。要是生活在莫斯科，我也会有木构宅邸。那是唯一具有民族特色的住宅，更重要的是，那是唯一适合那里气候的住宅。真正的莫斯科人认为，木构宅邸比石构的更保暖、更健康。

我们是在花园里吃的饭，而且现场的布置很有创意，餐桌就摆在帐篷下。交谈虽说只是在男人间进行的，而且非常热烈，却非常得体——在自认为文明程度名列前茅的各民族当中，懂得这一点的很少。客人都是些见多识广而且博览群书的人，他们的观点在我看来非常清晰、合理。俄国人在高雅生活的风俗习惯方面属于蹩脚的模仿者，但那些有思想的人（他们的数量确实有限），在亲切友好的交谈中再次成为自己，也就是说，成为生性机敏而睿智的希腊人。

吃饭的时间在我看来很短，虽然它实际上持续了很长时间，虽然在我入座的时候，那些客人我是初次见面，与主人也才见过两次。这话值得注意，因为只有名副其实的、真正的礼貌，才能让一个外邦人那么快就变得无拘无束。在所有关于我旅行的记忆中，这一天的记忆将是最愉快的。

在即将离开莫斯科的时候——除非仅仅是路过，否则不会回来——我觉得应该按照我来到俄国之后了解到的情况，总结一下俄国人的性格。在俄国逗留的时间确实很短，但我不停地、仔细地观察了很多人和事，认认真真地比较了很多事实。在一个像我一样有条件，并且像我一样在好奇心的驱使下非常活跃的外邦人眼前经过的形形色色的事物，某种程度上弥补了我时间和闲暇的不足。我天生就喜欢赞美，这种习惯在我没有赞美的时候，应该让人觉得，我的意见在某种程度上是可靠的。

总的来说，在我看来，这个国家的人不够大度。他们大概不相信那种品质。如果他们敢，他们会拒绝相信；如果没有拒绝，他们会鄙视它；因为在他们身上，没有任何东西可以让他们理解它的实质。他们与其说体贴不如说有手腕，与其说通情达理不如说好脾气，与其说容易满足不如说得过且过，与其说温和不如说做作，与其说有创造力不如说精明，与其说有想象力不如说机智，与其说机智不如说善于观察，与其说拥有所有这些合起来的品质，不如说拥有精于算计的灵魂。他们决不努力生产对别人有用的成果，却总是为自己获取某种补偿。他们不具备创造的天赋。追求崇高的热情他们不懂，只在内心寻求认同和补偿的情操他们也不懂。如果不考虑利益、恐惧和虚荣的影响，那他们就失去了所有的动力。如果进入艺术的帝国，他们不过是在某座宫殿效力的奴隶。天才那神圣而隐秘的居所他们是进不去的，对于美的纯洁之爱也无法满足他们的欲望。

他们在实际生活中的所作所为是这样，他们在思想界的创造物也是这样。在思想界，招摇撞骗的志得意满，宽宏大量的却被当作招摇撞骗。

伟大的心灵自身就有回报；即便不求从别人那里得到什么，它拥有的也很多，因为它试图让人们变得更好；不过在这里，它会让他们变得更坏，因为它会被认为是假面具。

在一个因为恐怖而变得铁石心肠的民族当中，宽厚仁慈被称为软弱。严酷无情让他们卑躬屈膝，宽恕则使他们抬起头。他们可以被征服，但没人知道怎样让他们信服。他们没有骄傲的资格，却依然胆大妄为。温和的，他们反抗；残暴的，他们服从；因为他们把残暴当作力量。

这让我明白了皇帝为什么要采用那种政府体制，但我并不会因此而赞成它。那位君主知道怎样让人服从他的命令，而且做事的方式就是要求服从；但是在政治上，我一点也不欣赏这种带有强制性质的体制。在这里，纪律成了目的，而在别的地方，它是手段。难道君主觉得表现出比臣民更加优秀的情操是危险的，因而就抵制内心的善良命令是可以宽恕的吗？在我的眼里，所有软弱中最坏的莫过于那种让人失去同情心和怜悯心的软弱。以宽宏大量为耻，就是承认拥有至高无上的力量毫无价值。

需要不停地提醒人们，有一个比现世更好的世界。如果他们不懂得什么是宽恕，那怎么可能让他们信仰天主？谨慎只有在不排斥更高级的美德时才算是美德。如果皇帝的内心没有比在他的政体中表现出的更多的宽厚仁慈，我同情俄国；如果他的情操优于他的行为，我同情皇帝。

俄国人在和蔼可亲的时候，他们的举止有一种魅力，不管我们抱有怎样的偏见也能感觉到。对于这种魅力，我们起初没有留意，后来却又摆脱不了。要说清楚这样的影响，就需要解释想象的力量。那种魅力是一种隐秘但不容抗拒的吸引力，是斯拉夫人与生俱来的风度所拥有的至高无上的力量。那种天赋可以在社交中弥补其他天赋的不足，而它自身的不足却不是其他任何天赋可以弥补的。

想象一下，过时的法式礼貌再次复活，并且变得名副其实；想象一下，最令人愉快和最自然的热情好客——出自本能的，也就是说，不是后天习得的谦卑——趣味高尚的率直——令人愉快的无所谓的样子——毫不显得傲慢的贵族式的文雅——毫不显得无礼的自在——因为地位所带来的安全感而变得柔和的天生的优越感……但是我错了，不该用太细致的笔触描绘这些在明暗法中必定可以感觉到的微妙的印象。我们可以察觉它们的存在，但我们不要试图用言语去固定它们过于飘忽的形式。只需要说明这一点就够了：在真正优雅的俄国人的举止中，以及更常见、更有说服力的是，在那些一直生活在国内、没有出去旅行过但与杰出的外国人有过接触的俄国人当中，可以发现这些以及其他许多风度。

这些魅力，这些错觉，让他们对于内心拥有至高无上的力量；只要你继续留在这些享有特权的人面前，你就会着迷；而且魅力是加倍的，因为他们是如此成功，让你以为自己对于他们来说，就如同他们对于你来说是一样的。时间与世界，约会与事务，全都忘记了；社交的职责被取消了；只剩下一种兴趣，当下的兴趣；只剩下一个人，眼前的这个人，而他总是讨人喜欢的那个人。取悦于人的欲望发展到如此过分的地步必然会取得成功。它是高尚趣味的顶峰，它是最精致的然而又像本能一样自然的优雅。这种最大程度的和蔼可亲不是假装的，而是天赋；它所需要的只是运用。延长你错觉存在的时间，就是延长你在这里逗留的时间。俄国人是世上最好的演员。他们不需要任何布景和道具，就可以制造出效果。

所有的旅行家都责备他们的善变。令人遗憾的是，这种责备很有道理，因为你在与他们道别的时候就感觉到自己被遗忘了。我认为这方面的原因不但在于性格的轻浮和情感的反复无常，还在于缺少确凿而广泛的信息。他们希望你离开，因为他们害怕被人发现竟然让外邦人与自己单独接触那么长的时间。因此，在他们当中，从喜爱到冷漠的转变非常迅速。这种明显的反复无常只是因为虚荣而采取的预防措施，完全可以理解，在各国的上流社会中十分常见。人们小心翼翼地加以隐瞒的不是他们的缺点，而是他们的空虚。走上邪路他们不会羞愧，可要是无足轻重他们就会觉得丢人。根据这个原则，上层阶级的俄国人乐意展示其才智和性格中所有乍一看有可能让人感到愉快的东西。那些东西能让交谈持续几个小时，但是，如果你想要看一看令你赞叹不已的华丽的舞台背后，他们就会阻止你，就像阻止鲁莽的闯入者，而这个闯入者也许是想看看他们卧室的隔板后面——他们卧室的雅致完全限于隔板的外面。他们招待你是出于好奇，后来他们排斥你则是因为谨慎。

这一点既适用于爱，也适用于友谊；既适用于女人的社交，也适用于男人的社交。描绘一个俄国人，其实就是描绘全体国民，就像一个武装的士兵表现的是他整个团的面貌一样。无论在哪里，在管理和教育上的统一性的影响，都没有在这里那么明显。所有的心灵都穿上了制服。这个国家的人们一方面因为自然的，另一方面也因为社会的教育而变得冷酷无情、头脑敏捷。唉，把其他国家的纯朴带到这个国家的民众当中的那些人，尽管他们不再年轻和敏感，想必承受了巨大的痛苦！在我的想象中，德意志人的鉴赏力，法国人的胸无城府和无忧无虑，西班牙人的忠诚，英国人的激情，真正的老意大利人的狂放和善良，全都掉进了俄国人天生风流的陷阱。我同情那些不幸的外国人。他们可能短暂地相信，他们会成为在这里等待着他们的剧院中的演员。说到感情，俄国人乃是世界上可以见到的最温柔的野兽；可惜的是，他们藏得很好的爪子丝毫没有减少他们的魅力。除了在波兰的上流社会，我还从未感受到可与之相比的魅力；它是这两个家族之间可以发现的新的联系！宿怨徒劳地想把这些人分开，天性却使他们不由自主地重新联合。如果政体没有逼迫一个去压迫另一个，他们就会互敬互爱。波兰人是有骑士精神并且信奉天主教的俄国人。如果说还有什么区别，那就是在波兰，组织社交活动的是女人，或者换句话说，发号施令的是女人，而在俄国则是男人。

同样是这些人，天生那么和蔼，那么有天赋，那么随和，有时却走上哪怕是最粗俗的人都不会走的邪路。

莫斯科许多最出色的年轻人的生活都是难以想象的。这些人有名气，属于全欧洲都知道的家族，却迷失在不堪描写的无节制的行为中。不可思议的是，那种生活方式他们怎么能受得了六个月，而且他们所表现出的坚定态度，要是它目标高尚的话，配得上进入天堂。他们的性格似乎是专为预料中的地狱准备的，因为在莫斯科，在我看来，行为放荡者的生活就是地狱。

在自然方面是这片土地的气候，在道德方面是这片土地的政府，吞噬了处于生长期的所有弱者。凡是不强壮的或者呆笨的都夭折了，幸存的只有卑劣的人，以及在善的方面就像在恶的方面一样强大的人。适合俄国这个地方的，要么是无法无天的激情，要么是百依百顺的性格；要么是叛逆者，要么是机器人；要么是阴谋家，要么是机器。在这里，在暴君与奴隶之间，在疯子与牲口之间，根本没有中间选项。没有人懂得中庸，自然也容不下中庸。过冷就像过热一样，使人趋于极端。

尽管存在我在这里指出的种种反差，但有一个方面大家都一样，那就是所有人的性格都很轻浮。对眼下重要的这些人来说，晚上的规划到了第二天就总是被忘记了。可以说，对于他们而言，心灵属于偶然王国，不管什么都不能违背他们取舍的偏好。他们的生和死都没有意识到生活严肃的一面。对于他们而言，无论善恶都没有现实性。他们会哭，但他们不会不幸福。宫殿、山峦、巨人、气精、激情、幽居、大批的人杰、极度的幸福、无限的悲伤——但列举没有用，和他们谈上一刻钟就足以把整个宇宙带到你的眼前。他们对人类才智几百年来树立的一座座丰碑不屑一顾。他们以为凭着鄙视一切的态度就可以把自己置于万物之上。甚至于他们的赞扬也成了侮辱，因为他们是像嫉妒者一样赞扬，因为他们总是不情愿地拜倒在被他们认为是时尚偶像的事物面前。但是，只要有一丝风气，乌云就会取代美丽的景色，转而乌云也会很快消散。从如此混乱的头脑中，生出的无非是尘土、烟雾和混沌的虚无。

没有植物会扎根在如此狂躁的土壤中。一切都被荡平了；一切都笼罩在雾气中。但是，从这种易变的要素中到头来什么也没有排除。在想象中失去的友谊或爱，只要一瞥或一句话，往往就会再次出现，而且恰恰是在最少想到的时候，尽管在事实上，它来得快，去得也快。在这些魔法师不停挥动的魔杖下，生活成了一连串变化无常的幻觉，一场冗长、乏味的游戏。不过，在这场游戏中，只有笨蛋才毁掉自己，因为当整个世界都在骗人的时候，就没有人在受骗了。总之，如果采用莎士比亚富有诗意的说法，他们就像水一样善变。莎士比亚粗犷有力的笔法是自然的启示。

这让我明白了，为什么直到现在他们都好像命中注定要有专制政府。对他们实行专制，既是出于怜悯，也是因为习惯。

对收到这封信的朋友说话的时候，如果我说话的对象是哲学家，在这里就要谈一谈风俗方面的细节，那是他从来没有读过的，哪怕是在什么都有人写、什么都有人描述的法国。但是，在他后面还有公众，想到这一点我就打消了念头。因此，我的朋友必须想象我没有讲到的东西，或者更准确地说，我的朋友永远也无法想象我没有讲到的东西。在这里，单是专制政府的暴行就会导致在我周围普遍存在的道德的无政府状态。如果那些暴行只是通过道听途说知道的，它们的后果就会显得难以置信。一个地方如果缺少合法的自由，那肯定会冒出很多不合法的自由。一旦禁止使用，那滥用就会暗中出现。否认权利，则制造欺骗；拒绝正义，则打开犯罪之门。

受这些原则的影响，莫斯科上流社会的浪荡子在欧洲所有城市中拥有的活动空间是最大的。政府消息灵通，不会不知道在绝对权力的统治下，某种形式的反叛必定会在某个地方爆发，但它宁可这种反叛是在风俗方面而不是在政治方面。这就是一方的放纵与另一方的纵容的秘密所在。莫斯科的风俗败坏还有别的原因。其中之一就是，大部分出身良好但因为品行不端而坏了名声的人，失势之后都在这里安身。

我们的现代文学据说抱着道德的目的，乐此不疲地描写花天酒地的生活，因此，我们应该会熟悉放荡生活的所有特征。我不去谈他们所谓的最大多数的最大幸福问题，我可以忍受他们冗长而无用的说教，但是在文学领域，有些人甚至比不道德的人还要危险，那就是卑鄙的小人。如果借口在社会最下层阶级中推动有益的改革而败坏上层阶级的趣味，那就是作恶。向女人描写小酒馆的语言，让有地位的男人爱上粗俗的行为，乃是损害一个民族的风俗，无论什么合法的改革都弥补不了。我们的文学迷失了方向，因为我们最有才智的作家把所有充满诗意的感情，把所有对于美好事物的尊敬都忘记了，写作时迎合市民的口味，同时，他们非但没有提升新读者的水平，好让他们理解敏锐而高尚的有识之士的观点，反而把自己降低到满足他们最粗俗的欲望的地步。他们把文学变成了烈酒，因为，由于鉴赏力的下降，品味并感受纯朴事物的能力丧失了。与已经有人指出的从前的社会状态下法律以及风俗的种种矛盾相比，这是更加严重的罪恶。它是现代的物质主义造成的又一后果。它会把一切都还原为有用，而且它只能根据直接的、实证的结果辨别什么东西是有用的。有天赋的人自贬身价去扮演警察局长角色的国度是要倒霉的！当一位作家自认为有责任去描写罪恶的时候，他至少应该加倍地尊敬高尚的趣味，他应该为他笔下哪怕是最庸俗的人物提出完美的真理。但是在多数情况下，在我们的道德家，或者更准确地说，在我们的从事道德说教的传奇作家的告白中，我们发现的与其说是对美德的爱，不如说是对高尚趣味的犬儒式的冷漠。他们的作品没有诗意，因为他们的内心没有信仰。要让对于不道德行为的描写显出高尚，就要像理查森[1]在写洛夫莱斯时那样，不是要败坏心灵，而是要避免腐蚀想象力和降低情感的格调。这种对于读者的敏感的尊重，可以说有一种道德上的目的；它对于文明社会来说，要比确切地了解强盗的恶行和妓女的美德重要得多。请原谅，我有点跑题，扯到了当代的批评领域。我必须赶紧回到作为一个诚实的旅行家应该尽到的严格而又令人痛苦的义务上来。遗憾的是，那些义务在多数情况下，都和我出于对我的语言以及我的祖国的尊敬而谈到的这些文学创作的法则相对立。

我们最大胆的风俗画家的作品，也不过是对我来到俄国以来，每天都呈现在眼前的各种原型的粗略模仿。

欺骗对什么都是有害的，尤其是对商务，但是在这里，它还危害到另一个领域。它给浪荡子们实施其最隐秘的活动带来了不便。在莫斯科，货币的持续变动催生了各种各样规避的手段。在俄国人嘴里，没有任何东西是清楚而明确的，没有任何东西是清晰界定并得到充分保证的，所以，钱袋子总是靠着油嘴滑舌鼓起来的。这种情况甚至影响到色情交易。一方知道另一方说话不可靠，所以要求提前支

---

1 塞缪尔·理查森（Samuel Richardson，1689—1761），英国作家，洛夫莱斯是他的小说《克拉丽莎》中的男主人公，一位富有的浪荡子，这个名字后来成了色鬼和浪荡子的代名词。

付，由此又生出许多事端。

农妇甚至比城里的女人还要狡猾。有时候，这些年轻的、双倍堕落的野蛮人违反卖淫的基本规则，带着赃物逃走而没有偿还她们所负的不光彩的债务。其他国家的强盗遵守他们的誓言，在犯罪时保持伙伴式的诚信。在俄国，放荡无耻之人不懂得任何神圣的东西，甚至不懂得放荡行为恪守的规矩，尽管它是从事她们行当的保证。要是不讲诚信，哪怕是见不得人的生意也做不了，这一点千真万确。

在别的地方，文明提升心灵，在这里却使心灵堕落。假如俄国人继续做野蛮人，那对他们来说更好。让奴隶变得有教养，是把社会引入歧途。人要想有文化，就必须有德行。

在其政府的影响下，俄国人变得寡言少语而又喜欢骗人，虽说他们生来就温柔、活泼、温顺而且平和。的确，这些都是很难得的天赋，然而在没有诚实的地方，那就什么也没有。这个种族从蒙古人那里继承来的贪婪，以及它不可救药的多疑和不信任，不仅可以从生活中的大事，也可以从生活中微不足道的小事反映出来。如果你欠了一个工人二十卢布，他为了讨要它们，一天会来二十次，除非你是一个可怕的贵族。在讲拉丁语的国家，承诺是很神圣的东西，不管是对得到承诺的人还是做出承诺的人，那都是一种誓约。在希腊人以及他们的门徒俄国人当中，人说出的话就如同强盗的假钥匙，目的是拿走属于别人的东西。

希腊人的宗教教导的，无非就是在大街上的圣像面前，以及在坐下用餐的时候画画十字。

这里的酗酒现象非常严重，以至于有个在莫斯科最受人欢迎和人们最希望与之结交的男人，每年都会有整整六周不见踪影，如果有人问他怎么了，一句"他只是喝酒去了"，大家就都明白了。

俄国人太轻浮，轻浮得没什么恶意。他们是风度翩翩的放荡者。我很乐意再次重申，他们非常可爱，非常招人喜欢。但他们的礼貌虽然有巴结讨好的意思，有时却夸张得让人厌烦。这常常使我怀念起他们的粗野，那至少还有个好处，就是自然。礼貌的第一条规则，就是只说可以被人接受的好话，其他都是对人的侮辱。真正的礼貌只不过是一套巧妙伪装过的恭维话。有什么东西和热情一样让人喜欢？因为，为了表现出热情，首先必须得让人感觉到同情。

如果说在俄国人当中有非常讲礼貌的人，那也有非常不讲礼貌的人。后者趣味低下得令人震惊。他们用野蛮人的方式查问大大小小的事情，毫不掩饰，刨根问底。他们问的问题是冒失的或者幼稚的，他们同时扮演了儿童和密探的角色。斯拉夫人天生就爱打听，只有良好的教育和最好的交往习惯能够管住他们的好奇心。那些不具备这些优点的人，不厌其烦地要你站上证人席，因为他们必须知道你旅行的目的和结果。他们会很放肆地、不停地盘问这样的问题，比如，你是否更喜欢俄国而不是其他国家，你是否认为莫斯科比巴黎漂亮，彼得堡的冬宫是否比杜伊勒利宫华丽，克拉斯纳克塞洛是否比凡尔赛更大。而且每把你介绍给一个人，都要再来一遍这种问答。在此过程中，民族的虚荣心假惺惺地利用外国人的客套，冒着显出自己粗鲁的风险，去相信其他人的礼貌。

我曾经被介绍给一个人，人们说他是个怪人，值得观察。他是大名鼎鼎的年轻的某某公爵，是某个大富翁的独子，尽管这位儿子的花销是其收入的两倍，而且对待他的身心也和对待他的财富一样。酒馆就是他的帝国：二十四小时中他要在那里称王十八个小时。在那个不光彩的剧场，他自然而然地、不由自主地展现出优雅的风度。他的表情是聪明的，极具魅力的。他性情和善，同时又好搞恶作剧。说起他来，可以举出许多特点，比如少有的慷慨，甚至是令人感动的通情达理。

因为有个真正有才能的人，一位从旧法国移民过来的神父做他的导师，他受过非常出色的教育。他思维敏捷，天生就有很强的学习能力。他的风趣在莫斯科无人能及，但他那样的言行要是在别的地方，是不会被容忍的。他迷人但不安分的脸庞显露出他的天性与生活道路之间的矛盾。

放荡的生活已经在他脸上留下早衰的印记，不过，这些愚行的——不是时间的——恶果无法改变他那高贵而端正的相貌中几乎是婴儿般的表情。固有的风度会持续终身，并对拥有它的人忠贞不贰，不管他如何用力摆脱。无论哪里都找不到年轻的某某公爵那样的人，但在这里，这样的人不止一个。

有人看到在他的周围有一群年轻的男子，他们是他的崇拜者和竞争对手。他们无论是性情还是才智，都无法与他相提并论，却与他有某种程度的家族类似：他们一看就知道是俄国人，而且只能是俄国人。正因如此，我打算讲一讲与其生活方式有关的一些细节……但我又把笔搁了下来，因为那样就必须揭露这些浪荡子的两性关系，不是与城里的女人，而是与一些修会年轻的姐妹，也就是与一些年轻的修女之间的关系。那些修女所在的修道院，正如将会看到的那样，保护得不是非常严实。我不知道该不该讲述一些事实，那些事实很容易让人联想到我们1793年的革命文学。我要提醒读者不要忘了圣母往见会的修女，而他会问，为什么要把掩盖乱象的帘子掀开呢，那应该是小心遮住的。也许是对于真理的热爱蒙蔽了我的判断力，但在我看来，只要罪恶还没有公开，那罪恶就得胜了，而公开会有助于消除罪恶。此外，我已决心按照我所看到的样子给这个国家画一幅画，不是一幅作品，而是对本来状态的精确而全面的摹绘。我所该做的就是按照事物所是的样子，而不是按照事物应该是的样子去描绘它们。因为体谅他人，我唯一给自己定的的规矩就是，不要提到不想被人知道的人的名字。至于那个我选来作为典型的人，他是莫斯科的浪荡子中最无法无天的，他鄙视舆论，竟然要我照实写。我引用的几个由他本人讲述的事实的真实性，已经从其他人那里得到了证实。

在昨天丰盛的桌菜宴席上，他给我讲了在某某修道院，有个年轻的男子被几名修女亲手杀害的故事。他是当着几个严肃而年长的大人物、雇员和禄虫的面讲的，那些人对这个以及其他几个类似的故事听得格外耐心，全都显得很没有礼貌。

我给这个奇怪的年轻人，也就是某某公爵起了个绰号，叫作"旧约中的唐璜"；他的疯狂和厚颜无耻的程度，远远超出了现代各国放荡生活寻常的界限。在俄国，没有什么是小的或适度的。如果这个国家不是像我的意大利导游所说的奇迹的国度，那它也的确是巨人的国度。

我说的故事里的年轻男子，藏在某某修道院过了整整一个月，最后终于对他没有节制的快乐生活感到厌倦了，修女们也感到厌倦了。他好像快死了，于是，那些希望摆脱他、但又害怕如果让他死在外面有可能带来丑闻的修女们最后决定，比较好的办法是由她们亲手结果他的性命。说干就干。几天后，这个可怜的家伙的面目全非的尸体就在井底下被人发现了。这件事没有声张。

如果我们相信同样的几个权威的话，在莫斯科有无数的修道院，修道的规矩在那里形同虚设。公爵的一位朋友昨天当着我的面，拿出某个见习修女的念珠给一大帮浪荡子看，说那是当天早晨她离开他的房间时忘记的。另外一个浪荡子展示的纪念品是本祈祷书，说它是某某社区据说最圣洁的修女的。观众哄堂大笑。

我不想继续说了。每个人都讲了自己的丑事，大家发出阵阵哄笑。欢乐的气氛越来越浓，并在葡萄酒的刺激下，很快就变成了撒酒疯。杯子里的酒满得快要溢出了，而那杯子比我们喝香槟的老式酒杯还大，很适合莫斯科人的豪饮。混乱中只有年轻的某某公爵和我自己还保持清醒。他是因为谁都喝不过他，而我是因为根本就不能喝，所以就没有喝。

吵闹中，克里姆林宫的洛夫莱斯站了起来，神色庄重，用他的财产、名声、英俊的脸蛋还有才智所赋予他的权威性，命令大家安静。让我非常意外的是，人们真的就没有声音了。就好像我在读一段充满诗意的描述，某个异教的神灵一声令下，风暴就平息了。年轻神灵严肃的样子，就那样一下子让他的朋友们安静下来。他向他们建议，以莫斯科高级妓女的名义给有关当局写请愿书，谦卑地抗议女修道院作为古老的宗教机构，对她们世俗社会的职业形成全面的干预和竞争，以至于该职业不再有利可图；同时，请愿书还要恭恭敬敬地声明，这些贫穷的妓女收入少了，可花销并没有同步减少，所以她们斗胆希望，为了公平起见，当局应该扣除上述修道院的部分收入；另外还希望，她们能得到资助——资助绝对必要，除非想让修会完全取代世俗隐士的地位。建议的提出与广播赢得人们的大声喝彩。笔墨拿来了，年轻的疯子随即用威严的口吻和非常漂亮的法文起草了文件。那份文件在我看来带有过多不光彩的讽刺性质，这里我就不引用了，尽管我抄了一份。作者在聚会的众人面前把它读了三遍，声音洪亮有力，并收到最令人满意的好评。

这就是昨天，也就是我在漂亮的楼阁参加了令人愉快的宴会之后的第二天，我在人们最常光顾的莫斯科的一个小酒馆亲眼看到的情景。对于它，我恐怕已经讲得够多了。国家的法律整齐划一是没有用的，天性有各种各样的需要，并且知道不惜一切代价满足自己的需要。

我向读者省去了许多细节，还把给他讲的那些细节的表达方式变得稳妥了许多。如果描述更准确，那会不堪入目。蒙田、拉伯雷、莎士比亚以及其他许多伟大的作家，要是生活在我们时代，就会改变自己的文风；那样一来，同样没有独立权利的他们，该是多么小心地注意自己的措辞和提到的事情。如今的假正经，即便不是可敬的，至少也是可畏的。美德感到羞愧，而虚伪却大声欢呼。

这群浪荡子的首领——他的老巢就是上面提到的那个小酒馆——天生就有一种非常独特的优雅。他气度不凡，相貌堂堂，就连他的讽刺剧也显得那么有趣味。他脸上的表情是那么友善，他的态度，甚至他最荒诞不经的语言，是那么高尚，让我们更多地是同情而不是责备他。他居高临下，统治着那帮为非作歹的同伙。他长得一点都不像坏人，这不由得让人对他产生更深的兴趣，尽管他在很大程度上要为他的模仿者的过失负责。优秀哪怕是在干坏事方面也总是发挥影响。

本来他让我今天陪他到乡下去两天。但我刚刚去了他惯常安身的地方找他，为的是把这件事推掉。我说我必须赶紧去下诺夫哥罗德，于是我就解放了。但是在听任他走向正在拖着他向前的荒唐的道路之前，我必须描述一下在小酒馆的院子里为我准备的一幕，他们非得让我下到那里，看看这帮浪荡子拔营起寨。告别是名副其实的狂饮作乐。

　　想象一下，十几个年轻人，醉意朦胧，为了三辆马车上的座位而吵闹不休——每辆马车都套了四匹马。一群看热闹的人，为首的是小酒馆的老板，跟着的是酒馆以及马厩的所有仆人，又是赞叹，又是羡慕，又是嘲笑——尽管在嘲笑的时候，表面上装得恭恭敬敬。与此同时，这帮家伙的首领煞有介事地站在敞篷马车上，指手画脚地发号施令。他的脚下摆了一只桶，或者更准确地说，一只大澡盆，装满了一瓶瓶冰镇的香槟。这种便携式的酒窖是为旅行准备的，也就是像他说的，在路上灰尘呛人的时候润润喉咙。他的一名副官，他称其为瓶塞将军，已经开了两三瓶，而那个年轻的疯子正在给几只大酒杯倒上这种昂贵的葡萄酒，在莫斯科能喝到的最好的香槟，作为离别酒递给看热闹的人。他拿了两只杯子，很快就空了，接着又由他最热情的跟班瓶塞将军不停地重新倒满。一杯是他自己喝，另一杯递给离得最近的看热闹的人。他的仆人都穿着豪华号衣，只有那个马车夫没穿，他是新近从庄园带来的年轻农奴。这人的穿着极其昂贵，表面上简单，实际上比其他仆人镶有金边的服装更引人注目。他穿了一件珍贵的、从波斯带来的薄绸衬衫，外罩用最细的开司米织成的土耳其长袍，带有漂亮的天鹅绒绲边。长袍是开襟的，可以看到衬衫，衬衫上有小得几乎看不出来的褶裥。在举行典礼的日子，彼得堡的纨绔子弟喜欢让他们最年轻、最英俊的手下那样打扮。其余的穿着也都体现了这种奢华的调子。靴子是上好的托尔诺克皮子做的，有金银线的绣花，在那个乡巴佬的脚下闪闪发光——他似乎被自己的光彩晃晕了，而且身上很香，从他的头发、胡须和衣服上散发出的香气，隔着几英尺远还差点把我熏倒。

和整个小酒馆的人都喝过之后，年轻的贵族对着像那样打扮的男人俯下身，递给他一杯泛着白沫的酒说："喝了它！"这个镀了金的可怜的农民，因为没有经验，一时不知如何是好。"我说，喝了它，"他的主人继续说道（当时这是别人给我翻译的），"喝了它，你这个捣蛋鬼；这杯香槟我不是给你的，而是给你的马的。如果马车夫不醉，它就没有力气跑完整个路程。"在场的人听了这话，一边大笑，一边高声欢呼。马车夫很快被说服了。等到他的主人发出出发的信号时，他已经在喝第三杯。他的主人在出发前再次彬彬有礼地对我表示遗憾，说没能说服我陪他一起加入这帮快乐的家伙。他显得那么雍容华贵，使得我在他说话的时候都忘掉了身在何处，以为自己到了路易十四时代的凡尔赛。

最后，他出发去庄园了；他要在那里待三天。这些绅士把这样的远足叫作夏季狩猎。

我们可以很容易地猜到，他们在乡下会怎样把自己从城市生活的无聊中解放出来——继续同样的事情，继续同样的生涯，重现莫斯科的情景，至少除了他们会结识新的女配角之外。他们在这些旅程中随身带了很多法国和意大利最有名的画家的版画，它们可以为他们提供活人造型的题材，而他们则要求在表现那些造型时对服装做一些修改。

那些村子连同村里的一切都是他们自己的，因此不难假定，在俄国，贵族的特权可不像巴黎的喜歌剧中表现的那样。

某某小酒馆是对所有人开放的。它坐落于城里的一座公共广场，离满是哥萨克的警卫队队部也就几步远。那些哥萨克僵硬的举止和阴沉沉的样子，会让外国人以为在这个国家即便没有恶意，也没人敢笑出声来。

既然答应了要交流我对于这个国家的想法，那就只好在这幅已经画好的画卷中添上一些新的例子，引用前面提到过的那些人交谈的内容。

有个人夸耀说，他和他的几个兄弟是他们父亲的几个仆人和车夫生的。他还为他所有不知道姓名的父亲们的健康干杯，并让客人们也为他们的健康干杯。还有个人很自豪地说，他是他母亲所有侍女（按父亲一方的血缘来算）的兄弟。

毫无疑问，这些厚颜无耻的话很多是为了吹牛而编造的。但是，编出这样的引以为荣的丑事，反映出人心已经败坏到邪恶透顶的地步。那种邪恶甚至比这些浪荡子的疯狂行为所表现出的邪恶还要坏。

据他们说，在莫斯科，市民的妻子也和贵妇一样堕落。

在她们的丈夫到下诺夫哥罗德集市去的几个月里，卫戍部队的军官们特意不离开城市。这是从容幽会的季节。女士们一般由某个体面的、在她们的丈夫外出时把她们托付给其照顾的亲戚陪着来到幽会地点。这些家庭女教师的通融和缄默也是需要花钱的。不能为这种风流韵事找借口说它是恋爱，因为没有羞怯的端庄就没有爱。自古以来，对于因自我欺骗而失去幸福的女人，以及非但没有因为温柔而让自己变得纯洁，反而使自己堕落的女人所作的判决就是如此。为俄国人辩护的人声称，在莫斯科，女人绝没有情人。我同意他们的说法，因为对于在她们独守空房时试图与其建立亲密关系的朋友，必须要用其他某种说法。

我再说一遍，对于人们告诉我的这种事情，有很多我都不太相信；但是，有一点我无法怀疑，那就是人们讲给初来乍到的外国人听时那种自鸣得意的样子。那似乎在说，你瞧，我们也文明了！

对于这些浪荡子的生活方式我思考得越多，就越是感到奇怪，他们在这里为什么能保留——用如今的语言来说——那种社会地位，如果是在别的国家，他们的品行会让他们没有任何机会。我无从得知这种声名狼藉、惹人讨厌的家伙在自己家里会受到什么样对待，但我可以证明，在公共场合，所有人对他们都特别尊重。他们的出现等于是大狂欢的信号；同他们交往，哪怕是上了年纪的人也会感到高兴。上了年纪的人不会模仿他们，但肯定会鼓励他们。

看到他们普遍受人欢迎，我就问自己，在这里，一个人要做什么才会失去名誉。

随着民主在宪法中得到越来越广泛的认可，可以发现，自由的人们在生活方式上即便不是说变得更纯洁，也变得越来越跟清教徒似的。与这样的进程全然相反，在这里，人们把堕落与自由的制度混为一谈。人品坏得出名的人，就像我们当中有才能的反对派或少数派一样受人尊敬。年轻的某某公爵在高加索流放过三年，那里的气候损害了他的健康，之后他就开始成为浪荡子。他之所以会在大学刚毕业的时候就被流放到高加索三年，是因为他打碎了彼得堡一些商店的窗户玻璃。政府执意要把这种无害的捣乱行为看作是抱有政治目的，结果就因为自身的过分严厉，把一个少不更事的年轻人变成了一个浪荡子，对于他的祖国、他的家人以及他自己来说，他算是已经毁了。（作者附释：自从回到法国以来，就有人向我保证，说他结了婚，现在过着规规矩矩的生活。）这就是所有政府中最不道德的专制政府所导致的人们心灵上的扭曲。

在这里，所有的反叛，甚至是对理性和天主的反叛，似乎都是合理的！哪里的秩序有压迫，哪里的秩序就有受苦的人。一个洛夫莱斯那样的人，一个唐璜那样的人，或者如果可能的话，一个比他们更坏的人，仅仅因为受到合法的惩罚，就被看作某种解放者。人们只会怪罪法官。这里的人们公开表示他们对于道德的憎恶，就像别人在其他地方会说"我痛恨专制政府"一样。

我来俄国的时候有个先入为主的看法，如今这个看法没了。我和其他许多人一样，曾经以为独裁统治的力量主要源自在独裁统治下到处呈现的平等。但这种平等是一种错觉。我说过，而且也听人说过，如果有一个人拥有无上的权力，那其他人就全都平等了，也就是说，全都一样，可有可无。这样的平等，即便不是幸福，也是慰藉。这种论证太合乎逻辑了，无法在事实上证明为真。世上根本就没有绝对权力这回事。世上有专横、任性的权力，但不管它们有可能变得多么肆无忌惮，都绝不可能有力到能在其臣民当中建立绝对的平等。

尼古拉皇帝可以做任何事情。可是，如果他经常去做他能做的事情，那他的这种权力就长不了。因此，只要他克制住自己，贵族的地位就与被他损害的农民或商人的地位大不一样。我坚持认为，在如今的俄国，人们的地位在事实上的不平等，比欧洲其他任何国家都严重。

人类社会的情况太复杂，不可能服从精确的数学计算。在这位皇帝的统治下，我能看得出，在构成帝国的各个社会等级中，仇恨的根源仅仅在于对次级权力的滥用。

一般来说，这里的人们用的是非常婉转和似是而非的语言。他们会用最和善的口吻告诉你，俄国的农奴是世上最幸福的农民。不要听他们的，他们是骗你的。许多偏远地区的农奴家庭甚至填不饱肚子，许多农奴死于贫穷和虐待。在俄国的每一个阶级，人道都受到践踏。与土地一起被卖掉的人相比于其他人更是受到践踏。有人会说，他们受法律的保护，有权利得到生活必需品。这样的权利对于那些根本没有办法让它落实的人来说，不过是个笑话。

还有人会说，为农民纾困符合贵族的利益。可是，难道人们总能理解自己的利益吗？在我们当中，做蠢事的人失去自己的财产，事情也就到此为止；但在这里，由于人的财产关系到若干人的生命，如果他对自己的财产管理不善，全村人都会饿死。在注意到明目张胆的暴行时，政府有时会对不讲道德的贵族负起监管的责任，但这个总是迟到的举措不能让死者复生。在这样的宪法下，再加上幅员如此辽阔，气候如此恶劣，由这样的风俗所必然造成的苦难以及不为人知的罪恶，其规模之大，不难想象。一想到所有这些苦难，我们就很难在俄国畅快地呼吸。

贵族在管理自己的庄园时，会遇到皇帝在更大范围内遇到的同样的困难，比如各地相隔太远、不了解实际情况、习俗的影响，还有手下人捣鬼。但贵族还要另外面对更加难以抵御的诱惑，因为他不太暴露在公众的视野中，也不太受公共舆论的控制，不太引起欧洲的关注。单是法律就可以改变社会关系的各个社会，不懂得由这种根深蒂固的秩序或者更确切地说是混乱所造成的不平等、任性以及不公正。

因此，说专制制度的力量在于其牺牲品的平等是不对的，它只是在于对自由的无知和对暴政的恐惧。绝对统治者的权力是魔鬼，总是准备着再制造出更大的魔鬼——人民的暴政。

的确，民主的无政府状态绝不会长久，而因为君主专制的滥用权力造成的规则性却可以一代一代地永世长存。

构成俄国君主绝对权力的，远非虚构的平等，而是军纪。用于国家管理的军纪，成了强有力的压迫手段。但这种可怕的力量有时会反噬那些使用它的人。威胁着俄国的那些接连不断的灾祸就是如此。如果国民造反，普遍的无政府状态就会走向最可怕的极端；如果国民继续服从，暴政延续的时间就会更长，并根据时代和形势的变化，采用或多或少严苛的方式。

要充分理解这个国家在政治上面临的困境，我们就不应当忘记，人民越是无知，他们忍耐的时间就越长，他们的复仇就越有可能是可怕的。靠愚民来行使权力的政府，比马厩还可怖。国家的不安，军队的野蛮，政府的恐怖——连那些管理者也不能幸免的恐怖——教会的奴性，贵族的伪善，民众的无知与穷困，还有为他们所有人预备的西伯利亚，这就是由必然、历史、自然以及一向神秘莫测的天意所造就的国度。

就是这个拖着衰弱的躯体、刚刚在亚洲崭露头角的巨人，现在却试图影响欧洲政治的平衡，并努力左右西方的会议，而没有考虑到欧洲外交在过去的三十年，在诚实方面取得的进步。

在彼得堡，撒谎仍然是一个好市民的分内之事，而说真话，哪怕是在显然无关紧要的事情上说真话，却成了耍阴谋。要是你看出皇帝头脑中的冷酷，你就会失去他的欢心。〔作者附释：在这封信即将付印的时候，《辩论报》正在声援一个俄国人。他在一本小册子中大胆地说，不比他高贵的罗曼诺夫家族是在十七世纪初，正如全世界都知道的，通过与特鲁别茨科伊（他是首先被选中的）竞争的一次选举，并且是在受到其他几个大家族反对的情况下登基的。登基之所以得到认可，是考虑到引入宪法的某些自由主义形式。世人已经看到这些保证带给俄国的是什么。〕

但归根结底，是什么诱使这个装备得很差的巨人在它并不共享的观念的角斗场，在对它来说还不存在的利益的角斗场去战斗，或者至少去斗争呢？

简单来说，是其主人的任性，还有少数经常到国外旅行的贵族的虚荣。新贵们不明智的虚荣心，诱使政府闭着眼睛撞上了导致现代社会倒退并使现代社会为政治战争，为之前时代所知道的唯一的战争感到惋惜的种种困难！

这个国家可以说是自身盲目野心的牺牲品。虽然它已是遍体鳞伤，却还努力摆出一副镇静、威严的样子。通过不断地施展欺骗手段来维护完全是编造的，或者无论如何也可以说不过是一厢情愿的荣耀，它的首脑必须扮演什么样的角色啊！

真正的力量，仁慈的力量，根本不需要欺骗，但是，为了隐瞒你们的意图，为了得到他人的宽容，你们俄国人什么样的诡计、什么样的谎言、什么样的伪装没有用过！你们是欧洲命运的调节器，在超级文明的各民族中假装保卫文明的事业，而你们自己不久前还是游牧民族，唯一的纪律是恐怖，指挥官是野蛮人！在寻找原因的时候，我们会发现，所有这些愚蠢的抱负不过是彼得大帝采用的假的文明体制的必然结果。俄国要在停止赞美那个人的伟大之后很久，才会感觉到他自负的影响。我认为他与其说英勇，不如说不凡。俄国人当中有很多人同意我的看法，只是不敢公开承认。

假如沙皇彼得不把熊和猴子穿上盛装来取乐，假如叶卡捷琳娜二世不去瞎琢磨哲学，总之，假如过去俄国的君主全都希望通过悉心培育天主在这个国家的人民，也就是在最后从亚洲过来的人们心中播下的宝贵的种子，来让他们的民族变得文明，他们就不会那么让欧洲赞叹，但他们会获得更牢固和更持久的荣耀，而且我们现在就会看到，他们正在履行天主赋予他们的使命，向旧亚洲的各个政府开战。位于欧洲本身范围之内的土耳其就会听从他们的影响，其他国家也不会抗议这样的扩张是真正的积德行善。俄国在我们当中拥有的不是这种势不可挡的力量，而只是我们给予它的力量，一个或多或少巧妙地让我们忘了它的出身的暴发户的力量。统治比自己更野蛮、更有奴性的邻国，是它该做的事情，是它的命运。如果可以的话，我要说，这是写在它未来的编年史上的。但它对于更先进民族的影响是不确定的，是要看情况的。

不过，这个民族一旦踏上文明的大道，任何力量都无法让它返回自己的路线。只有天主知道结果。必须记住，彼得大帝，或者更准确地说，"没有耐心的彼得"，是它犯错的根源。世人不会忘记，那位君主还取消了本可以成为俄国人自由的唯一源泉的两个机构——两个议院。

在政治、艺术、科学以及其他所有展示人的才能的领域，人只有通过比较才会显出伟大。正因为如此，在有些时代和有些国家，人们轻而易举地就成了伟人。沙皇彼得就出现在这样的时代和国家。虽然他也拥有非凡的性格力量，但他的头脑太注重细节，限制了他的视野。

我明天去下诺夫哥罗德。如果我在莫斯科继续待下去，就会错过这次的集市，而它已经快要结束了。现在我要到彼得罗夫斯基听俄国吉卜赛人的演唱，晚上回来才能写完这封信。

我一直想在酒店挑间房，在我到下诺夫哥罗德去的时候继续留给我存放书信，因为我不敢在去喀山的路上，把从离开彼得堡后写的东西全都带在身上，而我在这里又不知道能把这几封危险的东西托付给谁。在讲述事实时的精确性，在做出判断时的独立性，总之，真理在俄国比什么都可疑，因为正是真理让西伯利亚有了居民——不过，也不排除是因为抢劫和杀人，而这两种情况加起来，让政治犯的命运变得特别艰难。

我从彼得罗夫斯基回来了。我看了那里的舞厅，很美。我记得它叫沃克斯豪尔。舞会在我看来没有意思，在它还没有开始的时候，有人带我去听俄国吉卜赛人的演唱。她们热情奔放的歌声与西班牙吉卜赛人的有一点点相似。与安达卢西亚的相比，北方的歌曲不太活泼，不太性感，但更为深沉。有些是想要欢快一点，却比其他的更忧郁。莫斯科的吉卜赛人清唱了几首具有原创性的歌曲，但是，我听不懂这种抒情的民族音乐的配词，效果大打折扣。

迪普雷让我讨厌仅仅用声音传递观念的歌曲。他发声吐字的方式把表现力发挥到极致。如此一来，感情的力量就增加了上百倍，思想则乘着旋律的翅膀，在身心交融中飞升到人类鉴赏力的极限。只对头脑有吸引力的东西飞不了那么远。这就是迪普雷在韵文歌曲方面的成就。他让抒情悲剧变成了现实，那是无能之辈在法国努力了很久也没能做成的事情。能像那样在艺术革命上取得成功，这位艺术家应该比其他人更了解自己的职业。对于这样一个奇迹的欣赏，使我们变得很挑剔，而且常常对其他人不公平。歌词是音乐表现的手段，忽视歌词的力量，等于抛弃声乐真正的诗意，等于限制声乐的力量，而它的全部潜能直到迪普雷重新演出《威廉·退尔》，才在法国公众面前被全面彻底地揭示出来。这就是奠定了那个伟大的艺术家在艺术史上的地位的一些事实。

现在，以隆科尼[1]为首的意大利唱法的新学派，也在借助富有表现力的歌词重新找回古代音乐的强大效果，但是，为这种回归做出贡献的依然是迪普雷。自从他在那不勒斯剧院初次亮相并大获成功以来，他继续通过各种语言推进自己的工作，征服所有国家的人。在吉卜赛人歌曲中演唱高音部分的几个女人长着东方面孔，她们的眼睛有一种罕见的明亮与活泼。她们中最年轻的那位我觉得非常美丽；其他几个过早地有了很深的皱纹，肤色黝黑，黑发，也适合充当画家的模特。她们利用旋律的变化表达了许多不同的情感。她们对于愤怒的刻画尤其令人钦佩。有人告诉我，我在下诺夫哥罗德将会看到的那群吉卜赛歌唱家在俄国最有名。同时，为这些巡回歌唱家说句公道话，莫斯科的那些给了我很大的享受，尤其是她们的合唱，其和谐

---

1 乔治·隆科尼（Giorgio Ronconi，1810—1890），意大利男中音歌剧歌唱家。

悦耳的声音在我看来既科学又复杂。

我发现这个国家的歌剧演得乱七八糟，虽然演出是在一个非常漂亮的礼堂进行的。演出的剧目竟然是译成俄语的《神和舞姬》！用这个国家的语言进一步糟蹋一部巴黎的剧本有什么用呢？

莫斯科也有法语剧院，母亲在巴黎很有名气的埃尔韦先生在那里理所当然地扮演了布费的角色。我看了这位演员演的《米歇尔·佩兰》，表演质朴而热情，我非常喜欢，虽然它让我想起了《体操馆》。如果一出戏真的优雅，那它可以有几种表演风格。在异国他乡失败的那些作品，是作者要靠演员来把握角色精神的作品。梅莱斯维尔先生和迪韦里耶先生在鲍尔夫人[1]的《米歇尔·佩兰》中就没有做到这一点。我不知道俄国人对于我们的戏剧理解有多深。我不太相信他们在观看法国喜剧时表现出的高兴的样子。他们非常机灵，不用告诉就能猜到流行什么，这就免去了他们承认自己落伍的尴尬。他们敏锐的听觉以及元音的各种变音，辅音的多样性，他们在练习说自己语言时发出的很多嘶嘶声，使他们从小就习惯了掌握发音的所有难点。就连那些只知道寥寥几个法语单词的人，也能像

1　鲍尔夫人（Madame de Bawr，1773—1860），法国作家和剧作家。

我们一样发音。这常常把我们骗了。我们以为他们不但会说，也能理解我们的语言。这种看法大错特错。只有少数到国外游历过的，或者出身的阶级会对教育作必不可少的精心指导的人，才能理解巴黎人睿智的交谈中的奥妙。对于我们语言中的微妙和风趣之处，大部分人都不懂。我们不信任别的外国人，因为他们在讲我们的语言时口音不好听，让我们觉得很别扭。然而，他们虽然说得费劲，但对我们理解得比较深，不像俄国人那么肤浅。俄国人轻柔得几乎让人听不到的优美声音起初蒙骗了我们。一旦开始随意谈论，讲故事或者详细地描述个人的印象，他们就原形毕露。但他们是世界上最善于隐瞒自身缺陷的人，而在亲密的社交活动中，这种外交才能令人讨厌。

昨天有个俄国人在他的房间里让我看了他的便携式小书柜，它给我的印象是极为精致。我走近那些藏书，打开一本外表很吸引我的书。那是一部阿拉伯手稿，是用旧羊皮纸装订的。"真是羡慕您哪，您懂阿拉伯文？"我对房子的主人说。"不，"他回答道，"但我身边总是有各种书籍，因为您知道，书籍可以让屋里显得高雅。"

这句大实话刚一出口，我脸上不由自主露出的表情就让他意识到自己说漏了嘴。于是，因为觉得我肯定不懂，他开始为我翻译据说是手稿中的一些段落，而且译得流畅而老练，如果不是他之前在我第一次察觉的时候露出的掩饰和尴尬的样子让我警觉起来，他这样就把我骗了。我很清楚，他是想消除自己口无遮拦的后果，并让我以为——尽管他没有明说——他那样说只是开玩笑。这种伎俩很巧妙，但没有得逞。

这些都是一个民族玩弄的幼稚的鬼把戏，难以满足的自恋心理驱使他们对抗更古老的民族的文明。

没有什么诡计和谎言是他们强烈的虚荣心不能做和不能说的，就为了让我们回去后会说，"把那些人叫作北方的野蛮人是个大错"。这种称呼在他们的头脑中挥之不去，他们在所有场合都用一种具有讽刺意味的谦恭的样子让外邦人想起它。他们没有意识到，正是他们在这方面过于敏感，让贬低他们的人有了贬低的理由。

我雇了一辆本地的马车去下诺夫哥罗德，那样就省得用我自己的。但这种带弹簧的俄式四轮马车大概还不如我的轻便马车结实。（作者附释：真正的俄式四轮马车没有弹簧，而是直接把折篷轻便马车的车厢装在两根杆子上，那两根杆子又把前后轮的轮轴连接在一起。）这是刚刚来帮助我好让我快点出发的人说的。"您让我感到担心，"我回答说，"因为我讨厌每走一段路车就坏了。"

"要是路远，我会建议您换辆车，假如在现在的这个季节，在莫斯科不管怎样还能找到一辆的话。不过，这次的行程很短，这辆车也行。"

这次很短的行程，包括返程以及我建议从特罗伊察[1]和雅罗斯拉夫尔[2]绕道的路程，有四百里格，其中一百五十里格的路据说很不好走，烂泥里面埋有原木和树桩，很深的沙土里面到处都是松动的石块，等等。从俄国人谈论距离的方式，很容易觉得他们居住的地方和欧洲一样大，而西伯利亚只是其中的一部分。

至少在我看来，他们性格中有个最有吸引力的特点，就是他们讨厌妨碍他们的东西，所以无论是困难还是障碍，他们都不愿意承认。

普通人也拥有这种可贵的品质——这样说或许有点夸张。俄国的农民总是随身带着短柄小斧；只要有了它，他就可以战胜会把我们外省农民完全难倒的各种意外和困境；而且他对于对他提出的任何要求都会说"是"。

1　特罗伊察（Troitsa）位于莫斯科东北约 70 公里处，现名谢尔吉耶夫，是俄国东正教的宗教中心，那里有 15 世纪拉多涅日的圣谢尔盖创立的谢尔盖圣三一修道院。

2　雅罗斯拉夫尔（Yaroslavl）位于莫斯科东北约 250 公里处。

?